MARCO  POLO

BARCELONE

D1640944

Six symboles pour vous repérer
plus facilement dans ce guide :

★

Sélection Marco-Polo

Vue remarquable

Fréquenté par les autochtones

☥

Fréquenté par les jeunes

(A1)
Coordonnées sur le plan

(O)
Hors plan

MARCO ⊕ POLO

Titres de la collection

Allemagne, régions de l'Est	Grande Canarie	Portugal
Barcelone	Haut-Adige	Prague
Berlin	Ibiza et Formentera	Rome
Budapest	Londres	Sicile
Californie	Majorque	Tenerife
Capri	Maroc	Thaïlande
Côte yougoslave	Moscou	Toscane
Crète	Munich	Venise
Florence	New York	Vienne
Fuerteventura	Paris	

Ne manquez pas de nous faire part de vos remarques et suggestions
Informez-nous aussi de vos découvertes personnelles en écrivant à :
Hachette Guides de voyage
79, boulevard Saint-Germain - 75006 Paris
Des guides Marco-Polo récompenseront les lettres les plus intéressantes.
N'oubliez pas de préciser votre adresse et le titre de l'ouvrage
que vous désirez recevoir.

Ce guide Marco-Polo a été entièrement révisé,
adapté et mis à jour en vue de son édition en langue française.

Réalisation de la version française : ACCORD Toulouse
Traduction : Marie-Joelle Tarrit
Secrétaire d'édition : Anne Grobert

Cartographie : Mairs Geographischer Verlag

Crédit photos :
Couverture : Dona i ocell, Joan Miró, © Ben Simmons/DIAF
Rabat de couverture : Mauritius/Hubatka
Intérieur : Mauritius/Messerschmidt (p. 4), Mauritius/Opitz (p. 6), Mauritius/Hubatka
(p. 8, 11), Mauritius/Vidler (p. 10, 52), Weiss (p. 12, 15, 39, 57, 62, 66, 96),
Mauritius/Volkert (p. 17), Mauritius/Kiene (p. 18, 34), Mauritius/Fagot (p. 23),
Mauritius/Hoffmann (p. 28, 30), Transglobe/Fauner (p. 40),
Transglobe/Frederika (p. 45, 58), Koenig (p. 50), Mauritius/McLaren (p. 61, 70, 74),
Kallabis (p. 25, 76), Mauritius/Central Color (p. 85).

Photocomposition : Objectif 31 Toulouse
Imprimé en Allemagne
Dépôt légal : 3681 février 1992
ISBN : 2-01-018036-4
ISSN : 1161-0050
N° de codification : 24.42.1766.01.5

SOMMAIRE

Découvrir Barcelone

*Capitale de la Catalogne
et des jeux Olympiques de 1992,
une ville entre tradition et futur.*

Barcelone : une ville aux murs hauts et serrés qui cernent la cathédrale et donnent au quartier gothique une silhouette de château fort. Il faut marcher le long de ses ruelles (*carrer*), déboucher par surprise sur une place biscornue et jusque-là invisible, et repartir vers d'autres rues où les balcons étroits croulent sous les plantes vertes.

Barcelone, c'est la ville qui monte à l'assaut de la sierra, depuis le port et les Rambles où s'arrêtait la cité du Moyen Age. Aujourd'hui l'on y flâne sans se lasser au milieu des Catalans, toujours en discussion. Au bout des Rambles, la Catalogne a sa place, immense, qui annonce les temps modernes, ceux du quartier de l'Eixample (agrandissement), blocs géométriques dessinés au cordeau, véritable leçon d'architecture et d'urbanisme. Des immeubles, signés Gaudí, aux lignes en volutes, aux mo-

La Rambla, célèbre promenade au cœur de la vieille ville, mène jusqu'au port.

saïques éblouissantes et que les tours lunaires de la Sagrada Família n'ont pas éclipsés, prouvent la vitalité du modernisme (Art nouveau) catalan.

Barcelone, c'est la montagne, qui s'apprivoise en grimpant - à pied, en bus, en taxi jaune et noir - au parc Güell, le gigantesque jardin du même Gaudí, roi de la ville, qui a joué ici les facteurs Cheval... On regarde en bas, vers le nuage de chaleur qui plane sur le port.

Barcelone, c'est la mer. On l'avait presque oubliée, tant la ville est tournée vers elle-même, ses bars, ses loteries, ses impasses et ses avenues de luxe. Le vent olympique lui a rappelé qu'elle était un port et que, derrière ses entrepôts délabrés, pouvait se révéler le miracle d'une seconde jeunesse. Il a fallu bien sûr que l'Espagne retrouve d'abord la démocratie et se réveille de l'engourdissement où l'avait maintenue la dictature, pour que Barcelone puisse prétendre au statut de ville olympique. Le miracle a eu lieu et toute l'Espagne allait s'identi-

Stade olympique de Montjuïc, vue sur la tribune.

fier à cette ville cosmopolite, européenne, ouverte. Par trois fois déjà Barcelone avait montré le même empressement à organiser des jeux Olympiques, et par trois fois elle avait dû s'incliner : en 1924, 1936 et 1940. Barcelone ne voulait pas d'un quatrième échec. Le comité olympique international a fait preuve d'intelligence. La capitale de la Catalogne a été choisie. Toute la population s'est unie pour que cet événement soit un succès. L'organisation des Jeux a d'ailleurs cessé d'être un but en soi, mais est devenue un prétexte, une occasion à saisir : la ville allait jouer là sa vocation de grande métropole européenne et poursuivre sa modernisation architecturale et urbaine.

Le stade olympique de Montjuïc, rénové, a doublé sa capacité d'accueil (70 000 places) et le nouveau palais des sports de Sant Jordi, avec sa coupole d'acier, est impressionnant de puissance et de légèreté. Mais

Barcelone pense aussi à l'après-jeux : la capitale catalane sait tirer un profit décisif de l'amélioration de l'infrastructure locale, de l'extension du réseau routier – pour l'heure encore très chaotique –, de l'agrandissement de son aéroport, de la mise en exploitation de terrains jusqu'alors en friches, de la rénovation du réseau téléphonique, et surtout de l'aménagement plus qu'urgent d'un quartier jusqu'alors à l'abandon : Poble Nou.

Situé à proximité de la mer, ce quartier offrait, il y a peu de temps encore, un spectacle de désolation : voies ferrées inutilisées, usines et entrepôts désaffectés, immeubles taudis se dégradant de plus en plus et barrant l'accès aux plages, délaissées par les Barcelonais. Depuis juin 1988, ce quartier a été entièrement rasé et reconstruit autour du village olympique : 2 500 appartements résidentiels, l'aménagement d'un parc et la plantation de 12 000 arbres, la création d'un front de mer de 6 km de long et la construction d'un port de plaisance l'ont métamorphosé en quartier à la mode où la spéculation immobilière va bon train. Il est donc facile de comprendre pourquoi les jeux Olympiques ont obtenu l'assentiment de toute la population. On savait depuis longtemps que Barcelone ne répondait plus aux exigences d'une grande cité moderne. Mais on en restait là. A croire que Barcelone n'attendait que ce projet pour se débarrasser enfin de son immobilisme étriqué, et prouver son prodigieux dynamisme. Tout comme par le passé lorsqu'en 1929, à l'occasion de l'Exposition universelle, elle s'était lancée sans retenue dans un immense projet de constructions sur le Montjuïc ; ou comme un demi-siècle plus tôt, à l'occasion d'une autre Exposition universelle, en 1888, elle s'était réveillée de la routine provinciale dans laquelle elle semblait s'être enfoncée pour se hisser au rang d'une métropole internationale.

Cette évolution quasi spasmodique de la ville peut s'expliquer par un complexe entretenu depuis des siècles et jamais réellement surmonté. Barcelone, autrefois province indépendante, connut tout au long du Moyen Age une période faste. Elle perdit au XVᵉ siècle ses prérogatives de capitale au profit de Madrid et dut se soumettre. Il convient de ne pas négliger cet élément historique, si l'on veut comprendre cette ville qui s'est toujours opposée à une Espagne plus forte sur le plan politique, mais aussi plus faible sur le plan économique. Cet état de fait a fortement marqué la province, la ville, les populations ; il est cause d'une grande méfiance réci-proque et de préjugés difficilement surmontables. Six cents ans après l'union de la Catalogne et de la Castille, concrétisée par le mariage d'Isabelle la Catholique avec Ferdinand II d'Aragon, ils sont toujours vivaces. En cette fin du Moyen Age va s'amorcer un subtil processus d'intégration "typiquement catalan" ; Barcelone servait alors de base à une importante flotte militaire qui avait été jusqu'aux portes de Constantinople, et sa *senyera* (drapeau) flottait sur les comptoirs de la Méditerranée. Elle perdit brutalement sa primauté et tout ce qui avait fait sa richesse car la couronne espagnole céda aux ports de Cadix et de Séville le monopole du commerce avec les nouveaux territoires du continent américain. Lors de la guerre de succession pour le trône espagnol, au début du XVIIIᵉ siècle, la Catalogne, placée dans une situation défavorable, dut à plusieurs reprises céder devant le pouvoir central. A la suite de cette défaite, Barcelone perdit définitivement les privilèges dont elle jouissait encore et

La langue catalane

6 millions de personnes environ parlent le catalan. Sa zone d'influence comprend la côte méditerranéenne, d'Alicante à Perpignan, englobe les Baléares et Andorre (où le catalan est la langue officielle), et s'étend même jusqu'en Italie (à Alghero en Sardaigne).
Dans les provinces de Girona, Barcelona, Lleida et Tarragona, le bilinguisme règne (catalan et castillan).
La reconnaissance du catalan comme langue officielle a contribué au développement de son enseignement dans le primaire et le secondaire et l'édition catalane ne cesse de progresser (livres, revues, quotidiens).

qu'elle considérait comme ultime reliquat de son autonomie. Ainsi la langue catalane fut bannie de tous les échanges publics. On comprend dès lors l'importance du problème linguistique catalan.

C'est à Barcelone que la guerre civile espagnole (1936–1939) a connu ses plus graves développements. Fief des républicains, comme du reste toute la Catalogne, elle fut le théâtre de longs et violents affrontements. Aussi, lorsqu'en 1939 Franco entra dans une ville totalement exsangue, il s'acharna à détruire tout ce qui pouvait rappeler les particularismes catalans. Il s'en prit tout d'abord à la langue (interdiction d'employer le catalan dans les journaux, services publics, documents officiels, etc.) au point qu'aujourd'hui, dans certains quartiers, le catalan n'est plus considéré que comme une matière obligatoire à l'école (alors que, avant la guerre civile, l'espagnol était pour les Catalans une langue étrangère au même titre que le français). L'immigration d'une population non catalane à Barcelone a entraîné des conséquences dramatiques. Le besoin sans cesse croissant de logements neufs et bon marché, dans une ville, qui, jour après jour, vit un petit miracle économique, et la spéculation immobilière, inévitable corollaire, ont provoqué inéluctablement la destruction de ce site merveilleux. Il est clair qu'en ces époques difficiles on a plus raisonné en termes politico-économiques qu'humains. Les bidonvilles sont apparus ; dans les quartiers excentrés, on a construit de monstrueuses cités-dortoirs ne s'intégrant à aucun plan d'urbanisme. La vieille ville commençait à se dégrader, Barcelone agonisait.

Le Caudillo avait légué un héritage difficile. La nouvelle administration municipale se vit alors confrontée à des problèmes énormes, l'éphémère enthousiasme engendré par le récent succès de la démocratie ne

L'arc de triomphe, entrée de l'Exposition universelle de 1888.

Promenades dans Barcelone

Barcelone gothique

Il est dommage que le quartier gothique, situé derrière la cathédrale, soit si encombré. Lorsque les musiques de rue se sont tues, on perçoit alors, dans le calme revenu, le souffle du passé qui anime encore ces murs vénérables.

Barcelone maritime

Toute activité a cessé depuis longtemps dans le vieux bassin portuaire du Moll de la Fusta. Cependant il conserve son atmosphère maritime ; de temps en temps, de magnifiques bâtiments de la marine espagnole viennent y mouiller, face au port de plaisance.

Barcelone moderniste

Façades de maisons ornées de motifs floraux, de monstres fabuleux, travail en fer forgé des balcons extraordinaire, somptuosité des couleurs mettant en valeur fenêtres et saillies : telles sont les composantes du *modernisme* dans le quartier de l'Eixample.

Barcelone populaire

C'est à la périphérie que se trouvent les quartiers les plus populaires comme par exemple la rambla de Poble Nou. On s'y promène surtout le soir, entre Pere IV et le front de mer ; nombreuses terrasses.

Barcelone romantique

Le quartier de la Ribera, qui entoure la cathédrale de Santa Maria del Mar, a préservé tout son cachet: ruelles étroites, arcs en plein cintre des portes cochères, balcons couverts de fleurs, linge étendu aux fenêtres, chats, chiens errants, sans oublier les cris et les vociférations qui viennent souvent troubler le silence.

Barcelone olympique

Le déroulement des épreuves a été entièrement regroupé sur le Montjuïc. Plusieurs installations sportives ont été agrandies et modernisées : le stade nautique Bernat Picornell et le stadeolympique. Parmi les nouvelles installations, citons l'école des sports (architecture Ricard Bofill) et le palau de Sant Jordi, à l'audacieuse couverture due au Japonais Arata Isozaki.

Barcelone mondaine

Autour de la plaça de Francesc Maciá, tout n'est que luxe, atmosphère "nouveau riche", boutiques huppées, restaurants sélects, discothèques, hôtels de luxe, immeubles de bureaux prestigieux, larges avenues bordées de verdure, architecture contemporaine. Ici, les gens, d'instinct, ont fait corps avec la grandeur des lieux.

suffisant pas à les résoudre. Afin de convaincre la population de participer activement à la modernisation de la ville, un plan d'urgence fut lancé : « *Barcelona posa't guapa* » (Barcelone, fais-toi belle). Ce slogan tombait à pic. On commença peu à peu à restaurer certaines façades Art nouveau. Les Barcelonais prirent alors conscience de la beauté dissimulée sous la grisaille et la saleté qui depuis si longtemps recouvraient les murs de la ville. Le passé de Barcelone resurgissait soudain et, devant sa richesse, les Barcelonais retrouvèrent fierté et enthousiasme, à la perspective de faire peau neuve.

Bien sûr, tous les quartiers de Barcelone n'ont pas profité également du renouveau engendré par les olympiades, et la réhabilitation du quartier de Raval en est à ses premiers balbutiements. La ville doit faire face à de nombreux problèmes : pauvreté, chômage (bien que la Catalogne ait le taux de chômage le plus faible d'Espagne), trafic de drogue, délinquance. Dans les quartiers délaissés de la périphérie, on ignore ce que qualité de la vie veut dire. Quel visiteur, venu à Barcelone pour les Jeux, aurait l'idée de s'aventurer dans les quartiers de Besós, la Mina ou Nou Barris ? Certes, de temps en temps, on inaugure ici ou là un lieu de prestige, mais rien d'essentiel. On n'hésite pas, par exemple, à raser un campement de gitans pour aménager à la place une splendide allée bordée de palmiers. Les expulsions de populations sont fréquentes. Barcelone préfère montrer ses quartiers riches, vitrines de la ville, comme l'Eixample, depuis longtemps fief de la haute bourgeoisie catalane (le visiteur voudra bien éviter de regarder les mendiants !). Et puis bien sûr Sarrià et Pedralbes, zones résidentielles très luxueuses. Dans d'autres quartiers comme les banlieues de Sants, Gràcia, ou Sant Andreu, rattachées à la ville au début du siècle, la Barcelone fortunée côtoie la Barcelone des artisans et petits commerçants. Ce mélange de traditions et de modernité confère d'ailleurs à Barcelone son originalité et la rend très attachante. La capitale catalane a cependant toujours montré une nette prédilection pour la modernité. Aujourd'hui, cette tendance est nettement renforcée par le désir de se hisser au rang des plus grandes métropoles mondiales. Mais à force de vouloir ressembler aux autres capitales, elle court aussi le risque de perdre un peu de son âme. Heureusement, la vieille ville a été pré-

La caravelle Santa Maria de Christophe Colomb.

servée sans pour autant devenir une pièce de musée. Les Barcelonais très attachés à leurs traditions sauront-ils se préserver d'une regrettable uniformisation ? Le spectacle qu'ils offrent spontanément, chaque dimanche après la messe, sur le parvis de la cathédrale, incite à le croire : jeunes et vieux se prennent alors par la main, déposent manteaux et sacs au milieu de la ronde et dansent avec un bel ensemble la traditionnelle *sardana* que tous les Catalans ont apprise dans leur enfance. Ils savent que ce nationalisme qu'on leur reproche, cette obstination parfois exagérée à vouloir préserver leur individualité, restent les seuls moyens dont ils disposent pour ne pas se laisser absorber par l'uniformité.

Dans les maisons de la vieille ville, des stores protègent les intérieurs du soleil et donnent aux rues de Barcelone leur caractère méditerranéen.

Costa Brava

Pourquoi ne pas envisager une excursion vers la Costa Brava ? Du cap Cerbère (frontière française) au petit village de Blanes, elle érige au-dessus de la mer des falaises escarpées où les pins s'enracinent. Que reste-t-il de ces villages de pêcheurs, sacrifiés au tourisme et victimes d'une urbanisation démente où la rentabilité prime sur l'esthétique ? Quelques sites ont été préservés : la côte de Cadaqués à la frontière française, et bien sûr les baies de Calella, de Palafrugell, Llalfranc, Tamariu et Aiguablava. Pour vous y rendre, vous pouvez emprunter l'autoroute vers la France ou les bus N-II depuis la plaça de Medinaceli.

Que voir ?

Ruelles médiévales, avenues chic, monuments historiques, parcs enchanteurs : l'atmosphère d'une grande ville.

Barcelone se prête parfaitement à la découverte : un million d'habitants sont répartis sur une superficie relativement modeste. Les monuments et les curiosités sont concentrés dans un rayon étroit : le quartier gothique qui entoure la cathédrale et qui constitue le noyau médiéval de Barcelone ; tout proche, l'Eixample, cité moderne, offre un bel exemple d'architecture moderniste de la fin du XIXe siècle. On peut parcourir tout ce secteur à pied. Mais il n'est pas nécessaire d'avoir tout vu des créations de Gaudí, d'avoir visité tout le quartier gothique ; il serait en effet dommage, sous prétexte d'exhaustivité, de ne pas s'imprégner de l'ambiance propre à chaque quartier. Il faut vivre Barcelone de l'intérieur, c'est seulement de cette manière qu'on l'appréciera. Evitez donc de vous livrer à des visites systématiques ; il est beaucoup plus intéressant de découvrir soi-même les trésors que renferme cette ville, même si cela doit réserver quelques surprises.

SITES ET MONUMENTS

Antic hospital de la Santa Creu

La construction de ce merveilleux hôpital - un des plus anciens de Barcelone - fut entreprise en 1401 sous le règne de Martin l'Humain, roi d'Aragon. Rebâti après un incendie en 1638, il présente un savoureux mélange d'architectures gothique, baroque et néo-classique. Ce vaste édifice servit d'hôpital à la ville de Barcelone jusqu'au XIXe siècle. Aujourd'hui les bâtiments (non autorisés à la visite) abritent la biblioteca de Catalunya. A voir absolument : le patio, où on peut assister l'été à des concerts en plein air. (E4)
Hospital, 56. Métro : Liceu (L3)

Casa Amatller

Le tronçon du passeig de Gràcia compris entre le Consell de Cent et la carrer Aragó fut longtemps appelé *la mançana de la discòr-*

La Sagrada Família, cathédrale restée inachevée, a été conçue par Antoni Gaudí.

dia (pomme de discorde, en catalan *mançana* signifiant pâté de maison). Cela n'a rien de surprenant : trois joyaux de l'architecture moderniste rivalisent de beauté et d'invention. A droite la casa Batlló de Gaudí, plus loin à gauche la casa Lleó Morera de Domènech i Montaner. Au milieu, la casa Amatller de Puig i Cadafalch, en style néo-gothique, a emprunté quelques détails à l'architecture médiévale des pays nordiques. (D2-3)
Passeig de Gràcia, 41. Métro : Passeig de Gràcia (L3, L4)

Casa Terrades ou Casa de les Punxes

Les architectes modernistes se sont livrés ici à une expérience spectaculaire sur les formes issues du gothique septentrional. Ainsi la casa Terrades conçue par Puig i Cadafalch (1903 - 1905) se présente sous la forme d'une forteresse médiévale aux tours d'angles circulaires surmontées de cônes pointus. (D2)
Avinguda Diagonal, 416-420. Métro : Verdaguer (L4, L5)

Hospital de Sant Pau

A la fin du XIXe siècle l'ancien hospital de la Santa Creu s'avérant trop exigu, on confia à Lluís Domènech i Montaner la conception d'un nouvel établissement conforme aux théories modernes d'hygiène et de santé.

Un complexe révolutionnaire en 1902 : l'hospital de Sant Pau.

Le projet qu'il présenta en 1902 apparut tout à fait révolutionnaire pour l'époque : sur un espace de 100 hectares, Domènech i Montaner a prévu la construction d'une série de pavillons indépendants, disposés de manière fonctionnelle et reliés entre eux et aux services communs par un système de voies souterraines. La conception esthétique de l'ensemble est aussi étonnante que la résolution des difficultés techniques résultant du projet. Le charme des pavillons de briques aux toits de tuiles vernissées, le grand hall d'entrée paré de faïences, flanqué d'une tour s'élevant élégamment vers le ciel, feraient presque douter de la fonction de l'édifice. Les grands halls et les parties communes sont ouverts au public. (O)

Sant Antoni Maria Claret, 167 - 171. Métro : Hospital de Sant Pau (L5)

Monument à la gloire de Christophe Colomb

❀ Passons sur les origines de Christophe Colomb : était-il ou non catalan ? A son premier retour d'Amérique (avril 1493), il fut reçu à Barcelone par le couple royal Ferdinand et Isabelle. Pour marquer cette lointaine union avec la Catalogne, on érigea en 1888 un monument haut de 60 mètres. Un ascenseur permet d'accéder à la plate-forme du sommet, d'où l'on découvre un magnifique panorama sur le port et la vieille ville. (E4)

Mardi au samedi de 10 h à 14 h et de 15 h 30 à 18 h 30, dimanche de 10 h à 19 h. En été, tous les jours de 9 h à 21 h. Plaça Portal de la Pau. Métro : Drassanes (L3)

Palau de la Música catalana

★ Dans le lacis de ruelles de la vieille cité, l'exubérant Palau de la Música catalana semble un peu anachronique. Il frappe par l'extraordinaire richesse décorative de sa façade (mosaïques polychromes). Ne manquez pas la visite de l'intérieur : l'incomparable foisonnement ornemental a été rendu possible grâce à un procédé technique qui libère les murs de toute contrainte portante. Tous les arts mineurs sont intégrés directement à l'architecture, comme les mosaïques ou les carrelages. La sculpture est également très présente, à l'intérieur et à l'extérieur de l'édifice. Ce palais est l'œuvre de Lluís Domènech i Montaner, qui entreprit sa construction de 1905 à 1908. (E3)

Amadeu Vives, 1. Métro : Urquinaona (L1, L4)

CIMETIÈRES

Il ne reste plus beaucoup d'anciens cimetières au cœur de Barcelone. Mais les deux principaux méritent le détour pour une visite insolite et pleine de charme. Dans le cimetière du Poble Nou reposent les riches Barcelonais, et non loin, dissimulés par un mur, des protestants enterrés ici au siècle dernier et dont les tombes sont presque toutes à l'abandon. Dans le cimetière de Sant Andreu, les mausolées sont de véritables chefs-d'œuvre de l'art moderniste : ils ont été conçus par les sculpteurs et les architectes en vogue à l'époque (Llimona, Vilaseca, Puig i Cadafalch, Jujol). Ces tombeaux-monuments côtoient de simples pierres tombales en partie détruites. La promenade au milieu de cette véritable ville des morts procure de belles vues sur le port et la mer.

Faire des photos dans les cimetières de Barcelone est soumis à autorisation.

Cementiri del Poble Nou

(O) *Avinguda Icària, à proximité du métro Llacuna (L4)*

Cementiri de Sant Andreu

(O) *Garrofers, à proximité du métro Fabra i Puig (L1)*

GAUDÍ

Aucun doute là-dessus, Barcelone est *la* ville de l'Art nouveau, appelé *modernisme* en Catalogne. Porté par le développement économique et politique du pays, qui débuta vers le milieu du siècle dernier, ce mouvement culturel produisit plusieurs grands architectes. Le génial Gaudí (1852-1926) fut le pionnier de ce nouveau style architectural. Il est parvenu à une fusion parfaite entre le technique et le spirituel. Influencé par la vogue du néo-gothique dans l'architecture catalane, il puisera à toutes les sources, son modèle restant la nature créée par Dieu, dont il retrouvera l'esprit dans ses réalisations démesurées, considérées à l'époque comme révolutionnaires. Gaudí privilégia la fragmentation de la forme (mosaïques par exemple) et les lignes courbes, inspirées du végétal (la ligne courbe étant, selon Gaudí, la ligne divine), qui tout naturellement ouvraient la voie à l'abstraction. On ne peut pas tout visiter de l'œuvre de Gaudí ; renseignements auprès de l'office municipal du tourisme pour obtenir des autorisations éventuelles.

Casa Batlló

★ Cette maison que Gaudí transforma entre 1904 et 1906 est l'une de ses œuvres les plus poétiques et les plus enjouées. Les formes ondulées de la façade, sculptée dans la partie basse en pierre de Montjuïc, s'agrémentent de céramiques colorées dans la partie haute. Gaudí s'est inspiré d'un de ses animaux favoris pour la toiture qui évoque le dos d'un dragon, sans tête ni queue, lascivement allongé. (D2-3)
Passeig de Gràcia, 43. Métro : Passeig de Gràcia (L3, L4)

Formes "organiques" de l'architecture de Gaudí.

Casa Milà ou "La Pedrera"

★ Le promeneur perçoit cette imposante maison comme une formidable masse de pierres en mouvement. Elle fut construite entre 1906 et 1910 et peut être considérée comme un édifice de transition annonçant déjà la Sagrada Família. Elle possède en effet de nombreux points communs avec cette dernière, notamment dans l'originalité de ses formes inspirées de la nature et l'audace de son ornementation.

Ceci est particulièrement perceptible dans les patios et les toits de la casa Milà, où les cheminées, qui rappellent les rochers de la montagne de Montserrat, composent un paysage fantastique. (D2)
Visites commentées du lundi au vendredi, à 10 h, 11 h, 12 h, 13 h, 16 h, 17 h et 18 h. Samedi à 10 h, 11 h, 12 h et 13 h. Dimanche à 11 h, 12 h et 13 h. Passeig de Gràcia, 92. Métro : Diagonal (L3, L5)

Casa Vicens

C'est la première œuvre de Gaudí. Conçue entre 1883 et 1888, cette petite villa résidentielle a été éclipsée au profit de ses autres grandes réalisations. On notera la rupture avec les formes cubiques traditionnelles, l'introduction de nombreux éléments décoratifs islamisants (plafonds en stalactites) et le recours aux motifs inspirés de la nature (magnifique grille en fer forgé). La casa Vicens annonce déjà les futures créations du maître. (C1)
Carolines, 18-24.
Métro : Fontana (L3)

Riche en formes et en couleurs, l'architecture de Gaudí dans le parc Güell puise son inspiration dans la nature.

Palau Güell

Cette résidence construite à la fin du XIXᵉ siècle pour la famille Güell marque les débuts de la grande époque créatrice du célèbre architecte. Lorsqu'en 1886 Gaudí fut chargé du projet, il travaillait déjà depuis trois ans à la Sagrada Família. C'est pourtant dans l'élaboration rapide de ce projet (la construction ne demanda pas plus de deux ans) qu'il concrétisa ses conceptions révolutionnaires en matière d'architecture et d'aménagement intérieur. D'un point de vue esthétique, une certaine géométrie a été préservée, mais

elle tend à se dissoudre (façade asymétrique, jeu des volumes intérieurs). Pour la première fois dans l'histoire du *modernisme*, Gaudí utilisa les fragments de céramique. Le bâtiment abrite aujourd'hui le musée du Théâtre et des Arts du spectacle. (E4)
Tous les jours de 10 h à 13 h et de 17 h à 19 h.
Nou de la Rambla, 3. Métro : Liceu (L3)

Parc Güell

★ ❀ En 1900, Eusebio Güell, membre d'une riche famille aristocratique de Barcelone, chargea Gaudí de la conception d'une cité-jardin sur un terrain vague situé au nord-est de la ville. L'idée n'avait jusque-là rencontré aucun écho favorable, mais Gaudí, voyant là l'occasion de concrétiser ses conceptions d'une architecture intégrée à la nature, accepta le projet. La mort du banquier l'empêcha de terminer l'aménagement du parc (1914). Colonnes de pierres, haies exubérantes, escaliers et allées sont harmonieusement intégrés au paysage. On perçoit un mouvement ondulatoire dans tous les éléments décoratifs du parc, recouverts d'une mosaïque polychrome faite de morceaux de faïence ou d'assiettes brisées. Gaudí cherchait par ce moyen à exprimer l'omniprésence de Dieu. (O)
Carrer d'Olot. Métro le plus proche : Lesseps (L3)

Sagrada Família

★ ❀ Gaudí lui-même comparait cette impressionnante cathédrale restée inachevée aux grandes églises médiévales, que l'on érigeait depuis des généra-

tions ou des siècles. En 1883, l'édifice fut mis en chantier ; Gaudí, chargé de mener à bien les travaux, s'y consacra alors totalement jusqu'à sa mort tragique survenue en 1926. Cette œuvre majeure porte l'empreinte de l'évolution de l'artiste et de l'homme. Partant de formes néo-gothiques qu'il rejettera, Gaudí cherche dans l'édification de cette église expiatoire une fusion quasi mystique entre la religion et l'art. C'est ainsi que chaque élément architectural, chaque pierre de cet édifice perdra de sa signification structurelle pour devenir le support d'une symbolique métaphysique. Gaudí, qui projetait trois façades monumentales, ne put achever que celle de la Nativité (façade est). Une forte polémique opposa longtemps les partisans de l'achèvement de l'église (sur la base des dessins et projets laissés par l'artiste) et ceux qui souhaitaient laisser tel quel le chef-d'œuvre inachevé. (E1)
Tous les jours sauf le samedi de 9 h à 19 h. Plaça de la Sagrada Família. Métro : Sagrada Família (L5)

Autres œuvres de Gaudí à Barcelone et dans ses environs :

Bellesguard
(O) *Bellesguard, 16*

Casa Calvet
(D2-3) *Carrer de Casp, 48. Métro : Urquinaona (L1, L4)*

Celler Güell
(O) *Garraf (sur la route nationale en direction de Sitges)*

Col. legi de les Teresianes
(B2) *Ganduxer, 85. Métro : Bonanova (F. C. G.)*

Cripta de la Colònia Güell
(O) *Santa Coloma de Cervelló (en direction de Sant Boi de Llobregat)*

Finca Güell
(O) *Avinguda de Pedralbes. Métro : Palau Reial (L3)*

ÉGLISES

Cathédrale
★ Elle fut érigée entre 1298 et 1448 sur le point le plus élevé de la ville antique et médiévale, sur les vestiges d'une église wisigothique détruite par les Francs. Cet édifice est consacré à sainte Eulalie, patronne de Barcelone, qui y fut martyrisée en 304. Sous le chœur, la crypte conserve l'impressionnant sarcophage en albâtre blanc de la sainte. Derrière la façade néogothique, qui ne fut rajoutée qu'au XIXe siècle, s'ouvrent trois nefs voûtées, aux lignes sobres, chef-d'œuvre du gothique catalan, dont la simplicité et la pureté vous séduiront. Sur la droite, la première chapelle abrite un magnifique crucifix, qui figurait à la proue du navire amiral de Don Juan de Austria, lors de la bataille de Lépante (1571). Les autres chapelles datent pour la plupart des XVIe et XVIIe siècles. Au centre de l'édifice, le chœur est garni de superbes stalles du XVe siècle. A droite du transept s'ouvre le portail de Sant Sever donnant accès au cloître, dont la

construction fut achevée en 1448. Tout autour du cloître, des arcades abritent plusieurs petites chapelles. Dans l'une d'elles est installé le Museu Capitular, où sont conservés des objets de culte et des vestiges archéologiques. Vous pourrez y admirer une série de retables de l'époque gothique, dont notamment la Pietà de Bartolomé Bermejo ; à voir aussi le retable de saint Bernardin et l'Ange gardien attribué à Jaume Huguet et la fontaine Sant Jordi (située au centre du cloître). Chaque année à l'occasion de la fête du Corpus Christi, on place une coquille d'œuf au sommet du jet d'eau. Le caquètement des oies sacrées de sainte Eulalie, déambulant autour du bassin, emplit les voûtes du cloître d'une atmosphère plus terre à terre. (E3)

Musée : tous les jours de 9 h à 13 h. Pla de la Seu. Métro : Catalunya (L1, L3)

Sant Pau del Camp

Charmant petit monastère roman du XIIIe siècle – l'un des plus anciens de Barcelone – dont les origines se perdent dans la nuit des temps.

Il ne renferme pas de chef-d'œuvre majeur et l'intérieur de l'église est plutôt dépouillé et austère. Sur la façade et le portail, on a remployé des éléments sculptés d'époque wisigothique. Le cloître est du XIIIe siècle, avec arcs à trois et cinq lobes, colonnes jumelées, et chapiteaux sculptés.

Sant Pau del Camp était jadis situé loin du centre ville, d'où son nom : du champ. (E4)
Carrer de Sant Pau, 101.
Métro : Paral-lel (L3)

Santa Anna

Immédiatement derrière la plaça de Catalunya, très animée à toute heure du jour ou de la nuit, vous trouverez une petite place très calme sur laquelle se dressait autrefois le monastère de Santa Anna. La beauté et la majesté de cet édifice eurent à souffrir d'une histoire tourmentée ; en 1936 encore, un incendie détruisit la coupole de l'église. Il subsiste cependant une modeste mais charmante église romano-gothique, du XIIe siècle, ainsi qu'un petit cloître. La simplicité de cet édifice situé en plein tumulte de la ville renforce l'atmosphère de sérénité qui y règne. (E3)
Carrer Santa Anna, 27-29.
Métro : Catalunya (L1, L3)

Santa Maria del Mar

★ C'est sûrement l'un des plus beaux exemples d'architecture sacrée de Barcelone. Cette cathédrale médiévale fut construite en un temps record (1328-1383). C'est un modèle parfait du gothique catalan. La nef centrale très dépouillée, aux collatéraux voûtés, est éclairée par de merveilleux vitraux polychromes, datant pour certains du XVe siècle (voir les vitraux du Jugement dernier). Une douce lumière confère à ce grandiose édifice une remarquable atmosphère de calme et de sérénité. (F3)
Plaça de Santa Maria.
Métro : Jaume I (L4)

Santa Maria del Pi

Cette église se trouvait au centre d'un des anciens faubourgs de Barcelone. Sa construction débuta vers 1322. Derrière une façade rectangulaire d'aspect massif et fermé, dotée d'une magnifique rose aux proportions impressionnantes, s'ouvre une nef centrale, aux lignes particulièrement épurées, dépourvue de toute fioriture. Le visiteur sera séduit par la simplicité et le dépouillement, typiques des églises catalanes, combinés à la douceur de la lumière filtrant des fenêtres (la plupart d'origine) ; le tout confère à Santa Maria del Pi une grande noblesse. L'église s'ouvre sur une charmante petite place, calme bien que située en plein centre ville. (E3)

Plaça del Pi. Métro : Liceu (L3)

PARCS ET JARDINS

Montjuïc

Cette colline, qui sépare la ville de la mer, surplombe le port de ses 213 mètres. Les Barcelonais lui donnent fièrement le nom de "montagne". Au XVIIᵉ siècle, on la couronna d'une forteresse massive (qui abrite aujourd'hui le Musée militaire), utilisée comme prison pendant la guerre civile. La seule évocation de cette prison ravive encore chez beaucoup de Barcelonais des souvenirs douloureux. C'est au début du XXᵉ siècle que l'on entreprit de faire de la colline de Montjuïc une zone de détente et de loisirs.

Le projet ne trouva pas tout de suite un écho favorable auprès de la population. C'est l'Exposition internationale de 1929 qui lui conféra l'aspect que nous lui connaissons aujourd'hui. On construisit de nombreux halls d'exposition (transformés plus tard en musées), on créa un parc d'attractions et de beaux jardins, on y aménagea des installations sportives. A nouveau, les Jeux de 1992 en ont fait l'un des plus vastes et ambitieux chantiers de la ville (stade olympique, stade nautique, palais des sports de Sant Jordi). Le site est si vaste qu'il est difficile de le parcourir entièrement à pied. (C-D-E 5-6)

Il est donc préférable de se fixer quelques buts bien précis : au pied du Montjuïc, sur le site actuel de la foire-exposition, plaça d'Espanya, se trouve la célèbre Font Màgica, fontaine lumineuse créée par Carlos Buigas. C'est un spectacle féerique de jeux d'eau, de lumières, de couleurs, de musique. Le monument le plus remarquable de la place est constitué par les arènes, conçues par August Font, avec de nombreuses références au Moyen Age et à la culture islamique. Sur le Montjuïc, le Poble Espanyol est une sorte de musée en plein air : construit pour l'Exposition de 1929 par l'architecte Folguera et le peintre Utrillo, il fut conçu pour présenter une synthèse des différents styles architecturaux d'Espagne (reconstitution de maisons typiques et des monuments les plus célèbres). Un peu plus haut se trouve le site olympique, entouré de grands espaces verts qui se prolongent jusqu'au parc d'attractions et à la citadelle. (C5)

★ *Font Màgica - Jeux d'eau : les samedis, dimanches, veilles et jours de fête : en hiver de 20 h à 23 h ; en été de 21 h à 24 h (de 21 h à 22 h ou de 22 h à 23 h : spectacle musical) ; Poble Espanyol : Marquès de Co-*

*millas. Ouvert en été de 9 à 20 h,
en hiver de 9 h à 19 h.*
Métro : Plaça d'Espanya (L1, L3)

Parc del Laberint

Ce vaste parc ouvert au public
en 1971, situé sur les collines de
Collserola, fut longtemps boudé
des Barcelonais. Depuis la récente inauguration du vélodro-
me, situé à proximité, il redevient un site d'excursion domi-
nicale, dont les habitants des
quartiers populaires du nord ne
pourraient plus se passer.

Ce site, sur lequel s'élevait autrefois un sobre et joli petit palais de style arabe, fut transformé à la fin du XVIIIe siècle par
son propriétaire, le marquis de
Alfarràs, en un romantique jardin agrémenté de statues, de
ponts et de temples de marbre.
Au centre du parc, un labyrinthe
a été dessiné dans un bois de cy-
près. (O)
Métro : Montbau (L3)

Parc de la Ciutadella

Peu après la guerre de succession pour le trône d'Espagne
(1715), Philippe V fit ériger cette forteresse géante afin de
mieux contenir les esprits re-
belles de Barcelone. En fait, sa
valeur stratégique fut nulle ; elle
fut longtemps détestée des Barcelonais, pour qui elle symboli-
sait les occupations militaires, et
elle fut finalement rasée entre
1869 et 1888. On trouva rapidement une nouvelle vocation à
cet immense espace : on y aménagea alors un parc de grande
envergure, prévu pour accueillir
l'Exposition universelle de
1888, qui permit à Barcelone de
sortir de sa torpeur provinciale
et de se hisser ainsi au rang de

métropole. Aujourd'hui certains
des bâtiments d'exposition ont
été transformés en musées.
L'ancien restaurant de l'Exposition, le Castell dels Tres Dragons, qui annonçait déjà le modernisme, a lui aussi été transformé : il abrite maintenant le
musée de Zoologie. On a cependant préservé l'atmosphère qui
régnait à la fin du XIXe siècle.
Au centre du parc se trouve la
grande cascade ; Gaudí, alors
étudiant en architecture, fut as-
socié à son élaboration. Non
loin de là s'étend un petit lac sur
lequel on peut faire du canotage.
A l'autre extrémité du parc, immédiatement à côté de l'entrée
du zoo, se trouve le parlement
catalan qui se partage, avec le
musée d'Art moderne, les restes
de l'ancienne forteresse. (F3)
*Zoo : tous les jours de 10 h à
18 h. Métro : Arc del Triomf
(L1)*

Parc de l'Escorxador ou Parc Joan Miró

Au cours des années 80, six
nouveaux parcs ont été aména-
gés à Barcelone. Ces espaces
soudainement dégagés proviennent avant tout de la démolition
d'installations industrielles devenues dépassées, comme par
exemple les anciens abattoirs
(*escorxador*), situés derrière les
arènes de la plaça d'Espanya,
et de la démolition de 4 *man-
çanes* (pâtés de maisons) de
l'Eixample. C'est sur ce site de
20 hectares que l'on a créé l'un
des parcs les plus fréquentés de
Barcelone. Ici trône une sculpture très connue de Joan Miró :
Dóna i Ocell (Femme et Oi-
seau). (C4)
Métro : Espanya (L1, L3)

Aménagement d'une zone de détente ultra-moderne : le nouveau parc industriel de Barcelone.

Parc de l'Espanya Industrial

Dans la Barcelone de l'époque franquiste, métropole à forte densité de population, l'aménagement d'espaces verts était secondaire. La nouvelle municipalité mise en place après la mort du général Franco se donna pour mission de combler ce manque. C'est ainsi que sur l'emplacement de l'usine Espanya Industrial (quartier de Sants), devenue obsolète, fut aménagé un parc de grandes dimensions, obéissant à des critères ultra-modernes. Il est, parmi d'autres à Barcelone, un bel exemple de récupération d'espace au profit de l'architecture et de l'art contemporains. (B3-4)
Métro : Sants Estació (L3, L5)

PLACES

Jusqu'au milieu du XIXᵉ siècle, Barcelone étouffait entre ses murs d'enceinte. Le projet "d'élargissement" de la ville, l'Eixample, prévoyait la conception de grandes places mais, en raison de la spéculation immobilière, on ne réalisa rien de spectaculaire. Depuis quelques années (en particulier au cours des années 80) la municipalité tente de rattraper ce retard en aménageant des espaces ouverts (parcs et places) avec la volonté de moderniser la ville. L'une des caractéristiques de cette politique est l'insertion de la sculpture contemporaine dans l'espace urbain. D'un point de vue architectural, la réussite est totale (voir par exemple la plaça dels Països Catalans située devant la gare de Sants). Il faut cependant noter que les riverains n'approuvent pas toujours ces réalisations avant-gardistes.

Plaça de Catalunya

◉ Cette vaste place est le cœur de Barcelone et fait le lien entre la vieille ville et les nouveaux quartiers du XIXᵉ siècle. Sa construction débuta à la fin du XIXᵉ siècle, par la démolition de la plus grande partie de l'enceinte sur laquelle aujourd'hui se trouvent les Rondes. Elle se situe exactement dans le prolon-

gement des Rambles et du passeig de Gràcia. De dimensions semblables à celles de la place de l'Etoile de Paris, elle est entourée de grands édifices, banques et centres commerciaux. Un flot continuel de voitures et de piétons s'y presse toute la journée. (E3)
Métro : Catalunya (L1, L3)

Plaça de Sant Josep Oriol et Plaça del Pi

🧍 Il est difficile de déterminer clairement où se termine l'une et où commence l'autre de ces deux places qui ont un cœur commun : l'église Santa Maria del Pi. Vers la fin de l'après-midi et dans la soirée, l'animation de la vieille cité méditerranéenne se mêle au romantisme des lieux ; il fait bon y passer un moment et prendre un verre à l'une des terrasses de cafés. Tout près de là vous trouverez de vieilles boutiques où vous pourrez fouiner. En face de la plaça del Pi, la carrer Petritxol, qui fut un haut lieu artistique à la fin du XIXᵉ siècle, est toujours très animée : boutiques, galeries d'art et *granges* (salons de thé-pâtissiers catalans) s'y multiplient. Les samedis et dimanches matin, la plaça del Pi se transforme en un immense marché aux livres en plein air. (E3-4)
Métro : Liceu (L3)

Plaça Reial

🧍 Cette place réalisée entre 1848 et 1859 est certainement l'une des plus belles et des plus agréables de la ville, avec ses élégantes arcades ornées de motifs en terre cuite, ses palmiers un peu dégarnis, qui tentent de s'élever vers le ciel, ses réverbères modernistes dessinés par Gaudí, qui accompagnent la fontaine des Trois Grâces. Depuis quelque temps, le quartier s'est transformé en un haut lieu de trafics divers. Les environs sont devenus de moins en moins sûrs, ce qui porte un grand préjudice à l'atmosphère de la place. Par sa présence accrue, la police tente actuellement de mettre un terme à cette dégradation du paysage ambiant. (E4)
Métro : Liceu (L3)

Plaça de Sant Jaume

Déjà à l'époque romaine, dans la colonie Julia Augusta Faventia Barcino, tout était organisé autour du mont Taber (l'actuel quartier gothique), le site le plus élevé de la ville. Il en est toujours ainsi aujourd'hui : d'un côté, la mairie, de l'autre, le Palau de la Generalitat, siège du gouvernement régional (remarquable palais gothique, dont la visite est malheureusement soumise à autorisation), et entre les deux toute l'animation d'une grande ville. Aucune manifestation ne peut aboutir ailleurs qu'ici, aucune victoire du F.C. Barcelone ne peut être arrosée ailleurs qu'ici. C'est depuis cette place qu'en 1931 Francesc Macià proclama la naissance de la république catalane avant d'être emprisonné. C'est aussi sur cette place que le président du gouvernement régional, Josep Taradellas, de retour d'exil, prononça la célèbre phrase : « *Ja sóc aquí* » (me voilà), devant une foule enthousiaste. Ce n'est pas un lieu de tout repos, mais ce que les Barcelonais appellent un *"rovell d'ou"* (jaune

d'œuf), où la ville et le pays viennent puiser leurs ressources. (E3)
Métro : Jaume I (L4)

Plaça de Sant Felip Neri

Cette petite place romantique, située dans le quartier gothique, mérite vraiment que l'on s'y arrête. Dissimulée derrière de petites ruelles tortueuses, elle n'offre pas beaucoup de choses à voir d'un point de vue architectural : la façade Renaissance d'un musée, une église baroque. A l'ombre des frondaisons, elle dévoilera ses charmes à ceux qui sont sensibles aux atmosphères poétiques et à l'esprit des lieux. (E3)
Métro : Catalunya (L1, L3)

QUARTIERS

Barceloneta

◉ Après la construction de la forteresse de la Ciutadella, il fallut reloger les habitants du quartier de la Ribera qui avaient été expropriés. En 1753 commença la réalisation du quartier de la Barceloneta considéré à l'époque comme résolument moderne ; les habitations limitées à un étage furent regroupées en blocs étroits et rectangulaires, selon un plan en damier garantissant un meilleur ensoleillement, gage de confort pour un quartier populaire au XVIIIe siècle. N'ayant subi aucune mo-

Plaça Reial, l'élégance un peu désuète du XIXe siècle.

dification depuis, il est toujours habité par une population d'origine modeste qui vit en étroite relation avec la mer ; en raison de la pression démographique, ces habitations ont été surélevées et les rues sont devenues plus sombres. Le quartier de la Barceloneta est aujourd'hui célèbre pour sa kyrielle de petits bars et restaurants de poisson. (F4)
Métro : Barceloneta (L4)

Barri Gòtic

★ Le Barri Gòtic correspond au site d'habitat le plus ancien de la ville. Déjà en 236 av. J.-C., Barcelone, connue alors sous le nom de Barcino, s'étendait sur le mont Taber, petite éminence qui constitue l'actuel quartier gothique. Dans ce quartier, la somptuosité architecturale partout présente autour de la cathédrale prouve l'influence du pouvoir catalan au Moyen Age, époque faste pour la Catalogne. Aux côtés des monuments médiévaux, on peut encore voir les vestiges de l'enceinte romaine : sur la plaça Nova et le long des rues Tapineria ou Sots-Tinent Navarro, par exemple ; on en trouve encore des traces dans les caves voûtées de certains magasins d'antiquités de la carrer Banys Nous. Quelques colonnes du temple d'Auguste ont même été conservées (elles se trouvent dans la maison du Centre Excursionista de Catalunya, carrer Paradís). Ce quartier a été en grande partie aménagé en zone piétonne, de sorte que l'on peut jouir en toute quiétude de l'atmosphère médiévale qui règne dans ses ruelles. Elles présentent de nombreuses curiosités : la ca-

sa de l'Ardiaca avec sa merveilleuse cour intérieure, le palais épiscopal des XIIe et XIIIe siècles, ainsi que la casa de la Pia Almoina à gauche de la cathédrale. Derrière, entre la carrer del Bisbe et la carrer Pietat, vous trouverez la casa del Canonge du XIVe siècle et en face le palau del Lloctinent qui abrite aujourd'hui les archives nationales. Sur la plaça del Rei, l'ancienne résidence des comtes de Barcelone et des rois d'Aragon jouxte la tour del Rei Martí (beffroi médiéval, rappelant un gratte-ciel), le merveilleux Saló del Tinell (où Christophe Colomb fut reçu par le couple royal) qui sert de transition avant le musée municipal, et la chapelle Santa Agata qui abrite un retable splendide de Jaume Huguet. En traversant la rue Jaume Ier, en direction de la mer, on arrive dans des ruelles aux maisons parfois vieilles de trois cents ans. L'histoire fait alors place à l'animation du quotidien, qui semble depuis le Moyen Age n'avoir pas véritablement changé. La visite du quartier gothique mérite que l'on prenne tout son temps ; il faut flâner sans fin dans ses ruelles pour sentir de quel passé la Barcelone moderne est l'héritière. (E3)
Métro : Jaume I (L4)

Eixample

Jusqu'au milieu du XIXe siècle, Barcelone resta enclose dans le périmètre des enceintes antiques et médiévales et eut à souffrir de la surpopulation, d'un manque de logements et de conditions d'hygiène insupportables. Les Barcelonais réclamaient la démolition de ces enceintes, requête que le gouvernement central de Madrid s'entêtait à rejeter. En 1851, l'autorisation fut enfin accordée ; un jeune ingénieur encore inconnu, Ildefons Cerdà, fut chargé de concevoir cet élargissement de la ville tant attendu des Barcelonais. Cet urbaniste ingénieux présenta un projet de ville nouvelle, reposant sur un gigantesque quadrillage : l'eau, la lumière, le soleil et l'homme y étaient privilégiés. Les rues et les avenues très larges étaient destinées à devenir des voies de circulation rapide (projet visionnaire dont les automobilistes barcelonais se félicitent aujourd'hui). Ce projet a malheureusement été tronqué, et l'élaboration d'un seul des quartiers d'habitations (*mançana*) a été préservée. L'aménagement de ce quartier se déroula en pleine période moderniste et cette partie de Barcelone peut être considérée comme le musée en plein air du modernisme catalan. Des architectes comme Gaudí, Domènech i Montaner et Puig i Cadafalch y ont laissé leur empreinte ; dans le "périmètre doré", situé entre le passeig de Sant Joan et la carrer Muntaner, entre l'avinguda de la Diagonal et les Rondes, pas moins de cent cinquante édifices de style moderniste ont été recensés, tous plus étonnants les uns que les autres. Mais le terme de musée ne doit pas abuser : l'Eixample est aussi le quartier où se fait la mode, celui des boutiques élégantes, des cafés et des restaurants où la jeunesse "branchée" et argentée vient se divertir. C'est sans doute le quartier le plus animé de Barcelone. De jour comme de nuit, tout y est possible : dîner, se promener, visiter, découvrir, trouver l'objet rare, se distraire. (D-E 2-3)

RUES ET AVENUES

Avinguda de la Diagonal

A la fin de la guerre civile, cette élégante avenue coupant la ville en diagonale fut rebaptisée, comme beaucoup de grandes artères en Espagne, avenida del

---

Montserrat

Les origines de Montserrat remontent au IXe siècle. L'ermitage créé à cette époque devint en 1025 un monastère bénédictin. Cet édifice, enchâssé sur les flancs abrupts de la "montagne sciée" qui se dresse à 1 235 m au-dessus du niveau de la mer, fut construit pour célébrer le culte d'une Vierge miraculeuse découverte dans une grotte. Cette Vierge noire (*moreneta* en catalan) est aujourd'hui la patronne de la Catalogne et le monastère de Montserrat, son sanctuaire national. Son histoire millénaire se confond avec celle de la Catalogne. Par l'autoroute, prendre en direction de Manresa ou l'A2, direction Lleida. En bus : depuis la plaça de la Universitat. En train : depuis la plaça d'Espanya.

L'animation de la grande ville, sous les platanes de la Rambla.

Generalísimo Franco. Actuellement, la section est de cette ancienne avenue n'est que chaos urbanistique. A partir du passeig de Gràcia, elle devient une avenue prestigieuse bordée de résidences éblouissantes, de grandioses établissements bancaires, de magasins de luxe, d'hôtels et de cafés selects (plus on s'éloigne du centre, plus les prix grimpent). Mais cette avenue est aussi l'un des principaux axes routiers de la ville, il vous faudra donc vous accommoder du bruit qui y règne. (A-D 2-3)

Carrer Montcada

La présence du musée Picasso (le musée le plus visité de Barcelone) a largement contribué à son succès. Mais l'afflux de touristes n'enlève rien à sa beauté. Cette petite rue, qui date du XIVᵉ siècle, est pleine d'hôtels particuliers gothiques et Renaissance. Dans les années cinquante, ces splendides palais, aux cours intérieures d'une rare beauté, étaient menacés de délabrement. La municipalité décida alors de les racheter ; ils sont aujourd'hui devenus musées, galeries d'art, salons d'exposition, et contribuent ainsi largement à l'orientation artistique de ce quartier de la Ribera. (E-F3)

Gran Via de les Corts Catalanes

Cette vaste avenue de 50 m de large, qui traverse Barcelone de part en part, s'étend sur 9 km. Cet extraordinaire axe routier est aussi une réussite sur le plan urbanistique ; cependant ces qualités ne suffisent pas à compenser son absence d'animation. Près de la plaça d'Espanya, où elle ferme l'espace consacré aux différentes expositions internationales qui se tiennent à Barcelone, elle est de toute beauté. De là jusqu'à la plaça de la Universitat, elle replonge dans la monotonie. Ce n'est qu'à proximité immédiate du centre ville qu'elle se hisse au niveau qui devait être le sien lorsque l'on décida de son aménagement (hôtels et commerces de luxe, établissements bancaires cossus). Passé l'hôtel Ritz, cette élégante avenue redevient un axe routier canalisant un flot ininterrompu de véhicules en partance pour la France ou la côte de Maresme. (A-F 1-6)

Passeig de Gràcia

Cette "promenade" qui mène à Gràcia fut de tout temps le centre de la vie mondaine. Entre 1890 et 1925, il était de bon ton d'avoir ici pignon sur rue. Le dimanche, les élégantes et les élégants flânaient sur les larges trottoirs pour assister aux parades militaires ou se laisser griser par les festivités de carnaval. Pour l'essentiel rien n'a vraiment changé aujourd'hui : le passeig de Gràcia est resté l'avenue la plus chic de Barcelone, à la manière des Champs-Elysées. Un peu moins longue, un peu moins superficielle, mais aussi plus humaine. Elle est bordée des deux côtés de magnifiques constructions de l'époque moderniste. Vous trouverez ici les magasins les plus selects de Barcelone (surtout dans le domaine du vêtement et de l'accessoire de mode), des hôtels luxueux, des terrasses chic, des cinémas. Ici on vient surtout pour se montrer. (D-E 2-3)

La Rambla

★ ◎ 🚶 Peut-on s'imaginer Barcelone sans la Rambla ? Elle s'étend de la plaça de Catalunya jusqu'au port. Tout ce que la ville sécrète d'activités vient se concentrer sur cette avenue bordée de platanes, invitant à la flânerie. Pour qui se rend au travail, va faire ses courses, la Rambla est le passage obligé. Si l'on se donne rendez-vous, c'est sur la Rambla ; si l'on veut acheter des fleurs ou le journal, on se dirige de ce côté. De sorte que, jour et nuit sur cette avenue, célèbre au point de devenir le symbole de Barcelone, coule un flot humain ininterrompu. On se presse vers les kiosques à journaux, on envahit les terrasses de cafés, on fait spontanément cercle autour des musiciens et des artistes de rue. Une population bigarrée en a fait son lieu de travail : diseuses de bonne aventure, tireuses de cartes, cireurs de chaussures. La Rambla change d'atmosphère suivant le quartier qui la jouxte : sur la rambla du port, par exemple, le caractère cosmopolite de la ville est très marqué et à proximité du Barrio Chino et de la plaça Reial on croise dealers et trafiquants, prostituées et travestis. De tout temps la Rambla fut une rue animée : au Moyen Age, l'ambiance y était rustre et populaire ; devant les portes du mur d'enceinte (et à l'ombre du gibet), on y élevait du bétail, on y semait du blé, on y marchandait le prix des bêtes. Elégance et modernité ne prirent possession des lieux qu'au XIXe siècle. De somptueux palais s'élevèrent alors sur les décombres des murs d'enceinte et on érigea l'opéra : le Gran Teatre del Liceu. Aujourd'hui la Rambla cristallise toutes les contradictions de la ville : hôtels luxueux et médiocres, jeunes loups et marginaux, boutiques pimpantes aux façades modernistes et magasins de souvenirs bon marché, Barcelonais en habits de gala, clochards et prostituées : la vie dans une grande ville moderne. (E3-4)

Deux heures au musée

*Les musées de Barcelone ont beaucoup à offrir :
du sublime au profane, des grands noms
comme Picasso, Miró, Gaudí, en passant par
les figures de cire et les machines à sous.*

A Barcelone, les arts plastiques, le design, le stylisme, la bande dessinée, sont en constante effervescence. Mais en matière de muséologie, la ville accuse un certain retard par rapport aux autres capitales européennes. Les bâtiments abritent des trésors artistiques et culturels mais ne sont pas adaptés à leur mise en valeur. Heureusement, en 1985, la municipalité de Barcelone a décidé un plan de restructuration à long terme des musées et collections de la ville. A cause de ces transformations, il peut arriver que certains bâtiments ferment totalement ou partiellement pendant quelques mois. Mais l'éventail des musées est suffisamment large pour que chacun puisse encore trouver matière à satisfaire ses goûts et sa curiosité : de l'insolite musée du Corbillard au musée d'Art moderne, en passant par le musée du Parfum ou la collection des trophées du F.C. Barcelone. Les agences de tourisme

*A la fondation Joan Miró,
les œuvres de l'artiste
et l'architecture des lieux
sont en totale harmonie.*

tiennent à votre disposition des brochures en plusieurs langues, concernant les musées catalans, dans lesquelles vous trouverez toutes les informations nécessaires. A moins que vous ne souhaitiez mettre en pratique vos rudiments de catalan en vous rendant au point information télématique que le gouvernement régional de Catalogne a installé sous les arcades à l'angle de la Rambla et de la carrer Portaferrissa.

Ce guide propose une sélection des principaux musées et collections. Les prix d'entrée sont en général modérés ; tarifs réduits pour les étudiants et personnes âgées. Dans la plupart des cas, l'entrée est gratuite.

Fundació Joan Miró -
Fondation Joan Miró

★ Ce musée unique, baigné de lumière, a été construit sur le Montjuïc par Josep Lluís Sert, un ami de Joan Miró et l'un des plus grands architectes de notre temps. Il a également créé la fondation Maeght à Saint-Paul-de-Vence. De béton et de verre, l'édifice joue des pleins et des vides et combine des espaces

31

lumineux et paisibles, d'une grande qualité architecturale, en parfaite harmonie avec les œuvres présentées. Vous y verrez exposée une importante collection de peintures, dessins, aquarelles, sculptures, tapisseries et céramiques que le Catalan Miró qui fut l'une des figures majeures de l'art du XXe siècle créa entre 1914 et 1978. Cet espace culturel accueille en alternance des expositions d'artistes contemporains. (D5)

Tous les jours sauf lundi de 11 h à 19 h, jeudi de 11 h à 21 h 30, dimanche de 10 h 30 à 14 h 30. Avinguda de Miramar. Métro : Paral-lel (L3), puis emprunter le funiculaire qui monte au Montjuïc

Museu Arqueològic - Musée d'Archéologie

Lorsque l'Exposition internationale de 1929 eut fermé ses portes, il fallut trouver un autre usage aux bâtiments que l'on avait conçus à cette occasion. On décida ainsi de transformer le palais des arts graphiques en musée d'Archéologie. Comme cela arrive souvent, ce qui ne devait être que provisoire a duré. Il y a quelques années, les responsables ont pris conscience que ces riches collections datant des Ibères, des Grecs et des Romains méritaient un espace digne de leur valeur. Seule une partie du musée reste aujourd'hui ouverte au public mais les pièces que l'on peut admirer dans les nouvelles salles, de l'art étrusque à l'art du bas Moyen Age, méritent vraiment une visite (gratuit). (D5)

Du mardi au samedi de 9 h 30 à 13 h et de 16 h à 19 h. Passeig de Santa Madrona. Métro : Espanya (L1, L3)

Museu nacional d'Art de Catalunya - Musée national d'Art de la Catalogne

★ C'est un des plus riches musées de la ville, l'un de ceux qu'il faut voir absolument. Il contient la plus belle collection d'art roman au monde (33 salles lui sont consacrées) et l'une des toutes premières pour le gothique (24 salles). Ce musée est bien sûr très vaste. Deux journées sont nécessaires à une visite complète. On y verra de nombreuses fresques romanes d'églises, qui font l'objet d'une présentation claire et intelligente (chaque fresque est accompagnée de la photo et de la localisation de l'église où elle fut réalisée). Les plus belles pièces se trouvent dans les salles 14, 15 et 16 : reproductions des églises de Sant Clement et Santa Maria du petit village de Taüll, avec les magnifiques fresques du *Christ en Majesté*. La section gothique réunit également des œuvres majeures, notamment les retables de Lluís Dalmau (*Vierge des Conseillers*) et de Jaume Huguet, le plus grand peintre catalan du Moyen Age. Dans une autre section, des toiles de la Renaissance, des époques baroque et néo-classique sont signées des plus grands noms de la peinture espagnole et catalane (Greco, Velázquez, Zurbarán, Josep de Ribera). L'édifice qui abrite ce musée est actuellement en cours de restructuration et de rénovation. Il fut lui aussi construit en 1929 à l'occasion de l'Exposition internationale. Comme tous les bâtiments da-

SÉLECTION MARCO-POLO

1 Fundació Joan Miró
Des espaces lumineux en totale harmonie avec l'œuvre du peintre et sculpteur catalan (p. 31).

2 Museu d'Art de Catalunya
Œuvres uniques au monde des époques romane et gothique (p. 32).

3 Museu d'Art modern
Voyage-découverte à travers la peinture catalane des XIXe et XXe siècles (p. 33).

4 Museu de Cera
De quoi faire pâlir madame Tussaud (p. 34).

5 Museu Picasso
Ensemble unique des œuvres de jeunesse du grand maître de la peinture moderne (p. 38).

6 Museu de les Arts de l'Espectacle
Une œuvre maîtresse de Gaudí transformée en musée du théâtre (p. 35).

7 Museu dels Autòmates
Jeux d'autrefois et marionnettes (p. 36).

8 Museu d'Història de la ciutat
Voyage souterrain dans la Barcelone romaine (p. 37).

9 Museu Gaudí
Un lieu de pèlerinage pour les fans du modernisme (p. 37).

10 Museu de la Ciència
La science y devient un plaisir (p. 35).

---

tant de la même époque, il était devenu urgent de le remettre en état. Il est par ailleurs prévu de regrouper toutes les collections d'art de la ville dans un seul établissement. Le visiteur aura alors un panorama complet de l'art catalan, du "premier art roman" jusqu'à la première moitié du XXe siècle. (C5)
Du mardi au dimanche de 9 h à 14 h. Mirador del Palau. Métro: Espanya (L1, L3)

Museu d'Art modern -
Musée d'Art moderne

★ Actuellement, les collections de ce musée réunissant surtout des peintures et des sculptures d'artistes catalans de la fin du XIXe et du XXe siècle sont installées, de manière un peu confuse, dans l'une des ailes du palais de la Ciutadella. Dans la salle Fortuny sont présentées des œuvres du peintre catalan Marià Fortuny (1838-1874), entre autres *la Vicaria* et *la Grande Bataille de Tétouan*. Tous les grands noms de l'art catalan du tournant du siècle sont rassemblés : Martí i Alsina, Vayreda, Casas, Rusiñol, Nonell, Mir, tenants du modernisme et du noucentisme dans une Catalogne très influencée par ses relations artistiques et culturelles avec la France (le noucentisme préconisait, après le modernisme, dans les années 1906-

Le Palau Nacional abrite le musée national d'Art de la Catalogne.

1931, en Catalogne, le retour au classicisme et à une expression artistique plus sobre). La section d'art contemporain est assez pauvre, rassemblant quelques œuvres de Dalí, de Miró, et de Tàpies. (F3)

Du mardi au samedi de 9 h à 19 h 30, dimanche de 9 h à 14 h, lundi de 15 h à 19 h 30. Plaça de les Armes. Métro : Barceloneta (L4)

Museu de Carrosses fúnebres
Musée des Corbillards

Une collection quelque peu macabre, surtout lorsque l'on sait que ce musée se trouve au sous-sol de l'édifice des Pompes funèbres. Mais quel bâtiment accueillerait une collection aussi singulière ? Vous trouverez là rassemblés des fourgons mortuaires hippo et automobiles des XIXᵉ et XXᵉ siècles, de même que tout l'équipement mortuaire. (F2)

Du lundi au vendredi de 9 h à 13 h et de 15 h à 18 h, samedi de 9 h à 13 h. Sancho de Avila, 2. Métro : Marina (L1)

Museu de Cera -
Musée des Figures de cire

★ Un excellent choix pour les jours de pluie (il peut pleuvoir aussi à Barcelone) : dans un magnifique hôtel du XIXᵉ siècle, situé à l'extrémité de la Rambla (côté mer), sont regroupées plus de 300 figures de cire. Elles appartiennent à l'histoire passée et contemporaine, aux mondes de la fiction et de la réalité. L'utilisation de moyens techniques modernes a permis de prêter à tous ces personnages des attitudes particulièrement vivantes. Frissons garantis ; un plaisir à partager en famille. (E4)

Du lundi au vendredi de 10 h à 13 h 30 et de 16 h à 19 h 30, samedi et dimanche de 10 h à 20 h. Passatge de la Banca, 7. Métro : Drassanes (L3)

Museu de Ceràmica - Musée de la Céramique

C'est un véritable éblouissement pour les amateurs de la céramique espagnole. Dans les salles réaménagées du Palau Nacional, les collections rendent compte de l'activité des manufactures du pays depuis des siècles. Les pièces les plus anciennes datent de la fin du XIe siècle (céramiques arabes) ; les pièces maîtresses à ne pas manquer : les céramiques la Sardana et Cursa de Brauns datant du XIXe siècle, et la collection de pièces uniques de Llorenç Artigas, l'un des plus célèbres céramistes espagnols contemporains. Les céramiques vert-jaune-bleu d'Aragon voisinent avec celles signées de Picasso. Un enchantement qui vaut à lui seul la visite. (B3)

Du mardi au samedi de 9 h à 14 h. Diagonal, 686. Métro : Palau Reial (L3)

Museu de la Ciència - Musée des Sciences

★ Cet établissement, financé par la fondation Caixa de Pensions, s'adresse avant tout aux jeunes. Ils peuvent en effet se livrer à des expériences qui constituent une excellente introduction aux différents domaines de la science : optique, mécanique, informatique, etc. Des projections scientifiques à la portée de tous les publics, des expositions temporaires, ainsi qu'un planétarium (commenté en catalan) viennent compléter l'éventail des découvertes. Nous vous recommandons aussi la boutique du musée. (O)

Du mardi au dimanche de 10 h à 20 h. Teodor Roviralta, 55. Métro : Tibidabo (F. C. G.), puis prendre le Tramvia Blau.

Museu de la Música - Musée de la Musique

L'édifice qui abrite ce musée mérite à lui seul le déplacement. Il a été conçu en 1902 par Puig i Cadafalch, l'un des architectes modernistes les plus remarquables de son temps. Dans les années 70, il a été transformé en musée tout en conservant son aspect et sa structure initiale. Divers instruments de musique anciens et modernes y sont réunis et, pour les connaisseurs, une des plus importantes collections de guitares d'Europe. (D2)

Du mardi au dimanche de 9 h à 14 h. Diagonal, 373. Métro : Diagonal (L3, L5)

Museu de les Arts de l'Espectacle - Musée des Arts du spectacle

★ On ne pouvait trouver cadre plus impressionnant pour la présentation de ces vastes collections concernant le monde du spectacle. Le palais qui abrite ce musée, construit par Gaudí pour la famille Güell entre 1886 et 1888, n'a subi aucune modification : il ne faut pas manquer la visite de l'intérieur où l'on admirera le jeu des volumes et le soin apporté par Gaudí à intégrer architecture, décoration et mobilier ici conservé. Les collections réunissent tout ce qui concerne l'opéra, le ballet et le théâtre catalans : photographies et objets ayant appartenu à des gens du spectacle, affiches, croquis et maquettes de décors, costumes, masques, poupées et marionnettes. Une section est consacrée au Gran Teatre del Liceu. (E4)

Du lundi au samedi de 10 h à 13 h et de 17 h à 19 h. Carrer Nou de la Rambla, 3. Métro : Liceu (L3)

Museu de Zoologia - Musée de Zoologie

Pour les non-initiés, il est peut-être moins intéressant que les autres. Il renferme des collections d'insectes et de mollusques connus seulement des spécialistes, un nombre impressionnant d'animaux naturalisés et leurs squelettes. Le tout peut sembler un peu vieillot. Le bâtiment qui abrite ce musée est, lui, fort intéressant : construit en 1888 par Luís Domènech i Montaner, il a servi de restaurant lors de l'Exposition universelle de 1888 ; c'est l'une des premières créations de l'architecture moderniste. (F3)

Du mardi au dimanche de 9 h à 14 h. Passeig dels Tillers. Métro: Arc del Triomf (L1)

Museu del Futbol Club Barcelona - Musée du F. C. Barcelone

Il n'y a que Barcelone pour consacrer un musée à son équipe de football. Mais, comme le disent les Barcelonais, « *El Barcelona és més que un club.* » A

l'époque franquiste, le Barça fut le symbole, le drapeau de la cause catalane, tout au moins pour ses supporters (et ils sont des centaines de milliers). On comprend cette dévotion lorsque l'on voit réunis dans ce musée les coupes, fanions et trophées que le club a pu amasser pendant sa longue histoire. La collection est bien sûr réunie dans le stade de Barcelone, el camp Nou, l'un des plus vastes du monde (120 000 places). (O)

Du mardi au vendredi de 10 h à 13 h et de 16 h à 18 h, samedi et dimanche de 10 h à 13 h. Estadi del F. C. B. (Camp Nou), Arístides Maillol. Métro : Zona Universitària (L3)

Museu del Perfum - Musée du Parfum

Une curiosité à ne pas manquer. Un exposé est présenté sur l'histoire et le développement du parfum et des produits de beauté, à commencer par toutes les découvertes qui ont précédé la naissance des parfums modernes. Vous pourrez notamment voir les petits flacons de céramique qu'utilisaient les Grecs, les fioles en verre des Romains, ainsi que des essenciers en usage aux XVIIe et XVIIIe siècles. (D2-3)

Du lundi au samedi de 11 h à 13 h 30 et de 17 h à 19 h 30, fermeture samedi après-midi. Passeig de Gràcia, 39. Métro : Passeig de Gràcia (L3, L4)

Museu dels Autòmates - Musée des automates

★ Il est situé dans un ancien théâtre du Tibidabo, sommet de Barcelone maintenant transformé en Luna Park. C'est la direction du Luna Park qui a rassemblé cette collection d'objets du XIXe et du XXe siècle, en particulier une série de marionnettes datant du début du siècle. Les fanatiques de jeux vidéo auront sans doute du mal à apprécier le charme délicieusement rétro de ces splendides automates pour la plupart en parfait état de marche. Le ticket d'entrée donnant également accès au Luna Park, ils pourront toujours aller s'y amuser ; là les attendent des attractions beaucoup plus modernes. (O)

Tibidabo. Métro : Tibidabo (F. C. G.) puis prendre le Tramvia Blau et le funiculaire

Museu d'Història de la ciutat - Musée d'Histoire de la ville

★ Au XVIe siècle, une riche famille de commerçants se fit construire un imposant palais gothique dans la carrer Mercaders. Au début de ce siècle, cet hôtel, qui gênait les travaux de percement de la via Laietana, fut démonté pierre après pierre et reconstruit sur la plaça del Rei. Lorsqu'on eut mis au jour les fondations, on découvrit alors des vestiges de la cité romaine. C'est ce qui incita les autorités à choisir la casa Clariana-Padellàs pour y établir un des musées consacrés à l'histoire de Barcelone. Différents documents, croquis et témoignages du Moyen Age et des temps modernes y sont rassemblés ; vous pourrez aussi visiter la galerie des fouilles romaines, qui se trouve dans les caves du musée et se prolonge sous les rues. Le site a été particulièrement bien mis en valeur. On parvient dans cette galerie par le musée Marès

(billet d'entrée délivré au musée d'Histoire de la ville). (E3)

Tous les jours sauf le dimanche après-midi et le lundi matin de 9 h à 14 h et de 15 h 30 à 20 h 30. Veguer. Métro : Jaume I (L4)

Museu Frederic Marès - Musée Frederic Marès

Le sculpteur Frederic Marès fut toute sa vie un collectionneur passionné. De ses nombreux voyages à travers l'Espagne, il ramena des milliers de pièces et objets choisis pour leur valeur historique, artistique ou purement sentimentale. Il en fit don à la ville de Barcelone qui, en 1946, décida de leur consacrer certaines salles de l'ancien palais des comtes de Barcelone. La section du musée consacrée à la sculpture contient une impressionnante collection d'œuvres (l'une des plus vastes sur le territoire ibérique) des époques romaine, romane, gothique, Renaissance et baroque. Le "musée sentimental" regroupe une charmante collection d'objets usuels divers qui restituent particulièrement bien l'esprit et le goût de ces différentes époques. (E3)

Du mardi au samedi de 9 h à 14 h. Comtes de Barcelona, 8. Métro : Jaume I (L4)

Museu Gaudí - Musée Gaudí

★ L'héritage que Gaudí a laissé à Barcelone est immense. Le petit musée que la municipalité a consacré à son œuvre est fort modeste si l'on considère le rôle majeur que joua ce génial architecte dans le mouvement moderniste catalan. C'est dans son ancienne demeure (qu'il conçut lui-même) que le visiteur découvrira, à côté d'objets personnels, divers meubles dessinés par Gaudí, provenant du palau Güell, de la casa Calvet et de la casa Battló. (O)

Tous les jours sauf le samedi de 10 h à 14 h et de 16 h à 18 h. Carrer d'Olot

Museu Marítim - Musée Maritime

L'immense ensemble médiéval des Drassanes, chantiers navals situés au bout de la rambla Santa Mònica, abrite aujourd'hui le Musée Maritime. Ces chantiers, parmi les mieux préservés d'Occident, furent construits au XIIIᵉ siècle sur les ordres de Jacques Iᵉʳ pour préparer la conquête des Baléares. On ne cessa de les agrandir jusqu'au XVIIIᵉ siècle. Aujourd'hui, ce bâtiment situé à quelques mètres seulement de la mer rassemble une importante collection de modèles réduits de bateaux ainsi que plusieurs portulans. Vous y verrez aussi la galère royale (reproduction grandeur nature) que Don Juan d'Autriche commandait à la bataille de Lépante (1571). On peut monter à bord de la Santa Maria, réplique de la caravelle qui, en 1492, transporta Christophe Colomb à la découverte du Nouveau Monde (amarrée dans le port, Dàrsena Nacional). (E4)

Du mardi au samedi de 9 h 30 à 13 h et de 16 h à 19 h, dimanche de 10 h à 14 h. Plaça Porta de la Pau, 1. Métro : Drassanes (L3)

Museu Militar - Musée Militaire

Ce musée se cache derrière les murs de la forteresse que l'on érigea au XVIIIᵉ siècle sur le Montjuïc. C'est ici que Lluís Companys, dernier président du gouvernement autonome catalan, fut pendu sur ordre de Franco. Ces fortifications ont toujours été haïes des Barcelonais et aujourd'hui encore le poids du passé semble peser sur le Montjuïc. On rencontre très peu de Barcelonais près des murs austères du musée. Ils peuvent pourtant s'enorgueillir de la richesse de son fonds : armes et équipements militaires, matériels divers, et une magnifique collection de plus de 10 000 soldats de plomb. (D6)

Du mardi au samedi de 10 h à 14 h et de 16 h à 20 h. Castell de Montjuïc. Métro : Paral·lel (L3), puis prendre le funiculaire et la télécabine.

Museu Picasso - Musée Picasso

★ Picasso, originaire de Málaga, s'installa pour la première fois dans la capitale catalane en 1895. On ne tarda pas à le reconnaître pour l'un des maîtres de son temps. En 1937, il avait déjà fait don de plusieurs tableaux à la ville, dont le célèbre *Arlequin*, qui furent déposés au musée d'Art moderne. En 1960, Jaume Sabartés i Gual, ami et secrétaire du peintre, fit une importante donation à la ville de Barcelone (dessins et tableaux) et la municipalité décida alors d'offrir à ces œuvres un cadre digne de leur valeur. Le musée fut ouvert en 1963. Dons et achats vinrent par la suite compléter la collection, de sorte que l'on se vit rapidement contraint d'adjoindre le magnifique palais gothique du Castellet, situé dans la carrer Montcada, aux locaux devenus trop exigus. Aujourd'hui, Barcelone peut

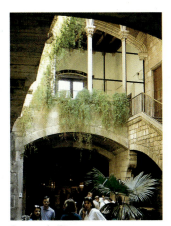

*Le musée Picasso :
un cadre unique pour les
œuvres du maître.*

s'enorgueillir de son musée Picasso ; il est, tout comme celui de Paris, un point de passage obligé, surtout en ce qui concerne les premières œuvres du maître. On peut y voir en particulier la série des Ménines, où Picasso donne son interprétation du tableau de Velázquez, et, parmi l'œuvre gravé, les très belles eaux-fortes sur la tauromachie. (F3)

Du mardi au samedi de 10 h à 19 h, dimanche de 9 h à 14 h. Montcada, 15. Métro : Jaume I (L4)

Museu Tèxtil i d'Indumentària - Musée du Textile et du Vêtement

Vers le milieu des années 50, la municipalité de Barcelone décida d'acheter plusieurs vieux palais menacés de délabrement dans la carrer Montcada et de leur donner une nouvelle fonction. Ce fut le cas du palau del Marquès de Lijó, belle bâtisse datant du XIIIe siècle, qui abrite aujourd'hui le musée du Textile et du Vêtement. Le fonds textile rassemble des tissus coptes, hispano-arabes, orientaux, des brocarts et des velours, etc. Le fonds de vêtements est pour l'essentiel constitué de la collection Rocamora, qui s'étend du XVIe siècle à 1930, complétée par la donation du grand couturier espagnol Balenciaga. Le musée de la dentelle possède une grande collection de mantilles, cols, châles et ombrelles. (F3)

Du mardi au samedi de 9 h à 14 h et 16 h 30 à 19 h, dimanche de 9 h à 14 h. Montcada, 12-14.

Salvador Dalí à Figueres

Le musée d'Art moderne de Barcelone ne possède que quelques œuvres de Dalí. Si l'on dispose de temps, il faut profiter d'une excursion sur la Costa Brava pour se rendre à Figueres visiter son musée-théâtre. Dalí est l'inventeur de la méthode paranoïaco-critique qui consiste à associer des phénomènes délirants pour composer des images à partir de divers éléments. Le musée peut être considéré comme un temple élevé au surréalisme le plus échevelé, dans un décor délirant voulu par l'artiste. *Tous les jours de 10 h 30 à 17 h 45, en été de 9 h à 20 h 45. Plaça de Salvador Dalí i Gala. Figueres*

Où manger et prendre un verre ?

Cafés, salons de thé, bistrots, restaurants.

A Barcelone, il ne peut être question de repousser à l'arrière-plan les plaisirs de la table. Lorsque la cuisine s'élève au niveau de l'art, elle a sa place dans un guide touristique, au même titre que les musées ou les curiosités architecturales. D'autant que la manière la plus intime, la plus directe d'appréhender un pays consiste peut-être à découvrir sa cuisine. Appliquez ce précepte ! Barcelone donne bien des occasions de le vérifier. Il vous faut cependant connaître certaines habitudes. Le petit déjeuner par exemple : l'Espagnol le réduit à sa plus simple expression ; la plupart du temps il s'en tiendra à un petit *cafè amb llet,* avalé rapidement au comptoir du bar du coin. Comme la matinée de travail est souvent longue (9 h - 14 h), le Catalan prend un petit en-cas vers 11 h composé d'une boisson (café, jus de fruit ou autre) et d'un *sandwich* : attention, le sandwich ressemble plus à notre croque-monsieur qu'à ce que nous appelons, nous, sandwich (*bocadillo* en espagnol, *entrepà* en catalan). Si vous ressentez un petit creux, sachez que les *tapas* qui accompagnent l'apéritif sont aussi là pour vous faire patienter. Il en existe une infinie variété. Le déjeuner est servi vers 14 h et le dîner à partir de 21 h environ. Ce repas est en général copieux. Les Catalans aiment prolonger le dîner par de longues discussions. On peut l'arroser d'un bon vin espagnol ou catalan : vins rosés à l'intense couleur cerise, vins rouges très aromatisés. Si vous voulez vraiment le grand jeu : champagne, enfin *cava* (vin mousseux plus sucré que le champagne français, il faut le déguster sans aucun préjugé). Pour finir, un bon petit *cafè i copa* (café et pousse-café) ; et si vraiment vous avez tout votre temps, si vous souhaitez prolonger ces moments de bien-être, *la sobretaula,* causerie que l'on accompagne de *cafès* et *copes.* Vous jugerez sur pièces : en Ca-

A Barcelone, déjeuner en plein air est un véritable plaisir.

41

talogne, manger est tout un art de vivre. Le repas est ici synonyme de plaisir, de calme, de détente et de convivialité. Et les fast-food, qui à Barcelone comme ailleurs poussent comme des champignons, n'ont rien changé à ces habitudes. Dans le centre ville ils sont une solution comme une autre pour les petites bourses. Mais n'hésitez pas à choisir des quartiers un peu éloignés du centre ville : beaucoup moins fréquentés, ils sont truffés de bars qui proposent un *menú del día*, comprenant une entrée, un plat du jour et un dessert, tout cela pour un prix plus qu'abordable. La carte est plus simple, moins variée que dans un vrai restaurant, et la plupart du temps la cuisine et l'ambiance y sont plus populaires (le fond sonore y est aussi plus élevé !). On peut manger au comptoir, si on le désire ; c'est moins cher. Avant et après les repas, ces cafés retrouvent leurs fonctions initiales : ils redeviennent des lieux de rendez-vous à l'heure de l'apéritif, où l'on grappille dans les assiettes des *tapas*, tout en bavardant avec les voisins ou amis du quartier. Car il faut bien dire que le Catalan vit beaucoup en dehors de la maison. Le bar du coin est pour lui un deuxième foyer.

Bien que dans les cartes de nombreux restaurants on mette un point d'honneur à proposer des spécialités étrangères (françaises ou italiennes), en général les chefs catalans n'ont pas perdu le sens de la cuisine traditionnelle (le plus souvent, la traduction en français de ces plats ne figure pas sur la carte). On vous proposera toute une gamme de préparations à base de poissons et de coquillages. Une spécialité très appréciée : la *bacallà* (morue séchée, salée, préparée de diverses manières, toutes délicieuses). En Catalogne, on mange même le poisson cru, à la *escaixada* avec tomates et olives. Il est encore présenté en *sarsuela* (en sauce) ou en *graellades* (au gril). L'*escalivada* est un plat de légumes d'accompagnement servi froid, composé de poivrons rouges (préalablement passés au four puis pelés et taillés en lanières), mélangés à des aubergines et des oignons, en quelque sorte l'équivalent de notre ratatouille, à la mode catalane. En général, dans les petits restaurants sans prétention, la viande est servie grillée avec un *pa amb tomàquet* : vous ne trouverez qu'à Barcelone ce pain paysan tout simple, parfois grillé, frotté d'ail, enduit de tomate, le tout arrosé d'un filet d'huile d'olive. C'est vraiment délicieux. On peut aussi vous servir la viande accompagnée d'un aïoli. La cuisine catalane est pour l'essentiel une cuisine méditerranéenne mais l'association d'éléments culinaires complètement opposés est une de ses caractéristiques. Elle associe par exemple la viande au poisson : *sípia amb mandonguilles* (thon mélangé à des boulettes de viande) ; on vous proposera aussi des calmars farcis à la viande, servis dans une sauce à base de tomates. Sur la table catalane, la charcuterie est à l'honneur (comme dans toute l'Espagne) : *botifarres* (grosses saucisses), boudins et toutes sortes de saucissons (*llonganissa*, *fuets* ou *espatec*). Pour finir, le dessert : vous aurez le choix entre fruits, tartes, glaces pour les indécis, et les spécialités du pays : *flam* ou *crema catalana*, flanc aux œufs ou crème catalane (crème caramel aux œufs et à la cannelle). On vous proposera aussi le *postre de músic*, qui consiste en un savoureux mélange de noisettes et d'amandes, de figues séchées, de raisins, la plupart du temps accompagné d'un petit vin moelleux ou *vi ranci*. La Catalogne est d'ailleurs un producteur de vins non négligeable. On y a recensé huit appellations d'origine ; aux portes de Barcelone se trouve le Penedès, région viticole prospère d'où proviennent tous les champagnes espagnols (entendez par là vin mousseux). Faites un crochet par Sant Sadurní d'Anoia, haut lieu de production de *cava*. N'hésitez pas à choisir des marques peu connues ; il existe des petites caves de production artisanale qui valent largement les grandes marques.

CAFÉS - SALONS DE THÉ

T = Terrasse

Bracafé (T)
Ne vous laissez pas influencer par la décoration négligée : vous y boirez le meilleur café de tout Barcelone. (E3) *Carrer de Casp, 2. Métro : Catalunya (L1, L3)*

Bar del Pi (T)
🏃 Bien situé, en plein centre ville, face au marché aux cartes

SÉLECTION MARCO-POLO

1 Azulete
Dans un décor signé de l'architecte Oscar Tusquets, cuisine raffinée et originale (p. 46).

2 Botafumeiro
Un paradis pour les amateurs de poissons et de coquillages (p. 46).

3 Can Margarit
La carte n'est pas variée, mais l'ambiance est agréable (p. 51).

4 Casa Isidro
Etablissement très ancien, cuisine traditionnelle (p. 48).

5 Pà i Trago
Populaire, parfois bruyant, typique (p. 49).

6 El Túnel
Cuisine traditionnelle, très prisée des gastronomes barcelonais (p. 48).

7 Florian
Cuisine méditerranéenne interprétée avec beaucoup d'audace. Un haut lieu de la gastronomie (p. 46).

8 Gorria
Cuisine navarraise, défiant toute concurrence (p. 49).

9 Jaume de Provença
Jaume Bargues est l'un des meilleurs chefs de la ville (p. 47).

10 Egipte
Excellente cuisine, dans un cadre soigné (p. 51).

postales, sur la plaça de Sant Josep Oriol. Ambiance bohème dans ce ravissant établissement style Art déco. Il y a même un piano mis à la disposition de la clientèle. (E4) *Plaça de Sant Josep Oriol, 1. Métro : Liceu (L3)*

Café-glacier Pagliotta
Nombreuses spécialités de délicieuses glaces italiennes. (E3) *Jaume 1, 15. Métro : Jaume I (L4)*

La Jijonenca (T)
Sa magnifique terrasse est idéale pour prendre le frais les soirs d'été. (D3) *Rambla de Catalunya, 35. Métro : Passeig de Gràcia (L3, L4)*

Mauri
Salon de thé bonbonnière sous un plafond de fresques, sur la rambla de Catalunya. Les gâteaux, les tartes et les petits fours sont divins. (D2) *Rambla de Catalunya, 1O2. Métro : Diagonal (L3, L5)*

Mesón del Café
◉ Tout petit établissement situé dans le quartier gothique ; vous y boirez un des meilleurs cafés de tout Barcelone. Ambiance catalane. (E3) *Llibreteria, 16. Métro : Jaume I (L4)*

Tío Che (T)
◉ Situé sur la rambla du Poble Nou. Le Tío Che vous propose une grande variété de glaces et de boissons glacées : *orxata de xufla, llet merengada.* (O) *Rambla del Poble Nou/Ramon Turró. Métro : Poble Nou (L4)*

GRANGES

Ce mot mérite une explication. Les *granges* sont des établissements à mi-chemin entre bar et salon de thé, à l'atmosphère tranquille et familiale. On vous y propose de copieux petits déjeuners et des goûters : avec le chocolat chaud, épais et aromatisé, on sert des spécialités sucrées, *les melindros*, de la crème sucrée, la *nata*, ou de la crème catalane (crème caramélisée aux œufs et à la cannelle). Dans les *granges* on sert aussi de très bons cafés. Alors que les bars sont généralement ouverts de 8 h à 23 h, une *granja* ferme ses portes pour le déjeuner et vers 20 h. Ces établissements sont très répandus dans toute la ville, mais les plus agréables sont situés dans la carrer Petritxol. (E3-4) *Métro : Liceu (L3)*

BISTROTS - SNACKS - PIZZERIAS

Casa Estabán
Décoration de tonnelets, *azulejos* (carreaux de céramique peints), vieilles bouteilles poussiéreuses. Une foule énorme, bruyante, joyeuse. On vient surtout pour les tapas de fruits de mer, moules, anchois, calmars, qu'on arrose de cidre ou de vin blanc pétillant. (E3-F3) *Carrer Montcada, 22. Métro : Jaume I (L4)*

Els Quatre Gats
Un bar légendaire où, au tournant du siècle, les artistes et les intellectuels se retrouvaient. Ce magnifique établissement au décor moderniste signé Puig i Ca-

Moment de détente à une terrasse de café.

dafalch (sculptures, ferronneries et dragons) s'inspira du fameux cabaret montmartrois le Chat noir. Picasso le fréquenta et y organisa sa première exposition en 1901. On y expose aujourd'hui des artistes contemporains. Si vous souhaitez prendre un vrai repas, vous pouvez vous rendre juste à côté, dans le restaurant du même nom. (E3) *Montsió, 5. Métro : Catalunya (L1, L3)*

Pla de la Garsa

⚘ Charmant petit établissement dans le quartier de la Ribera. Clientèle jeune. Grand choix de charcuteries et fromages de pays. (E3) *Assaonadors, 13. Métro : Jaume I (L4)*

Chicago Pizza Pie Factory

⚘ Le nom suffit à donner une idée de l'atmosphère qui règne ici. Les pizzas sont copieuses et délicieuses ainsi que les salades. (D2) *Provença, 300. Métro : Diagonal (L3, L5)*

El Portaló

◉ Tout ce que l'on attend d'une taverne se trouve réuni ici : am-

biance populaire, clientèle variée, où les habitants du quartier se mêlent aux touristes. Il ne faut cependant pas s'attendre à y manger des choses extraordinaires. (E4) *Fermé le dimanche. Banys Nous, 20. Métro : Liceu (L3)*

La Colometa

Jolie pizzeria, offrant une carte de vins catalans et français vraiment impressionnante. Presque toujours bondé. (C1) *Gran de Gràcia, 160. Métro : Fontana (L3)*

Restaurant Econòmic

◉ Comme son nom l'indique, c'est exactement ce qu'il faut pour les petites bourses. En contrepartie, on ne peut exiger qu'une cuisine simple. (E3) *Fermé samedi et dimanche. Plaça de Sant Augustí Vell, 13*

Via Napoleone

Idéal pour la pause de midi, entre deux séances de shopping dans le centre ville. Cet établissement central propose à la fois les formules de la pizzeria, du restaurant et du bar. Décoration et ambiance italiennes. (D-E 3) *Pelai, 5. Métro : Universitat (L1)*

RESTAURANTS

Catégorie 1
Excellente table. Plus de 4 000 pesetas par personne (240 F), boisson non comprise.

Agut d'Avinyó
Ce restaurant est sans conteste l'un des meilleurs de toute la Catalogne. La cuisine traditionnelle est traitée dans le style nouvelle cuisine, et le chef fait preuve d'une grande imagination. Exemples : courgettes au foie gras, salade d'algues aux fruits de mer, oie aux poires, poulet aux gambas. (E4) *Trinitat 3, Avinyó 8. Tél. 3 02 60 34. Métro : Liceu (L3)*

Ara-Cata (T)
Le chef vous propose des spécialités de la cuisine catalane et française mises au goût du jour. Exemple : brandade à la catalane ou lotte à la Fontenac. Les desserts méritent d'être signalés, spécialité de glaces maison. (A3) *Fermeture : samedi et dimanche soir. Doctor Ferran, 33. Tél. 2 04 10 53. Métro : Maria Cristina (L3)*

Azulete (T)
★ Joli restaurant avec terrasse couverte et beaucoup de verdure. Une combinaison heureuse de cuisine catalane traditionnelle et de nouvelle cuisine tout à fait originale. Notre sélection : *braç de gitano de pasta i verdura* : un pain de légumes. (A2) *Fermeture : samedi midi et di-*

manche. Via Augusta, 281. Tél. 2 03 59 43. Métro : Tres Torres (F. C. G.)*

Beltxenea (T)
L'un des restaurants les plus chics de la ville. Dans un cadre romantique, on peut se faire servir une cuisine du terroir très raffinée. *Fermeture : samedi midi, dimanche. Mallorca, 275. Tél. 2 15 30 24. Métro : Passeig de Gràcia (L3, L4)*

Botafumeiro
★ Très beau décor et clientèle huppée. Excellente cuisine de poissons à la qualité et à la fraîcheur exemplaires. A signaler : une carte des vins de Galice tout à fait remarquable. (C1) *Fermeture : dimanche soir et lundi. Gran de Gràcia, 81. Tél. 2 18 42 30. Métro : Fontana (L3)*

El Gran Café
On ne peut que se sentir bien dans ce magnifique décor Art nouveau. Le menu est traditionnel avec quelques incursions dans la cuisine française. Spécialité : lotte à l'aïoli. Pianiste le soir. (E4) *Fermeture : dimanche midi et samedi midi. Avinyó, 9. Tél. 3 18 79 86. Métro : Liceu (L3)*

Florian
★ Un haut lieu de la gastronomie à Barcelone grâce au talent de Rosa Grau qui s'inspire de la tradition méditerranéenne pour créer des plats audacieux et succulents ; la cuisine varie en fonction de la saison, mais c'est toujours une réussite. (A1) *Fermeture : dimanche. Bertran i Serra, 20. Tél. 2 12 46 27*

Jaume de Provença

★ Cette maison figure dans tous les guides car Jaume Bargués, l'un des chefs les plus renommés de Barcelone, allie à merveille cuisine catalane traditionnelle et cuisine nouvelle. Les desserts sont très soignés, la carte des vins est remarquable et comprend aussi bien des vins espagnols que des vins étrangers. (C3) *Fermeture : dimanche soir et lundi. Provença, 88. Tél. 4 30 00 29*

Quo Vadis

Un classique dans Barcelone et une tenue exceptionnelle depuis des années. Pas étonnant : il est situé à deux pas du marché Boqueria. Célèbre pour ses plats à base de champignons (en automne seulement). (E 3) *Fermeture : dimanche. Carme, 7. Tél. 3 17 74 47. Métro : Liceu (L3)*

Viña Rosa

Magí Huguet, chef de cuisine et propriétaire de ce restaurant merveilleusement bien décoré, conseillera volontiers ses hôtes sur ses nombreuses spécialités maison, toutes plus délicieuses et originales les unes que les autres. Exemples : feuilleté de cabillaud, filet d'agneau au romarin. (C3) *Fermeture : dimanche. Avinguda de Sarrià, 17. Tél. 2 30 00 03. Métro : Hospital Clínic (L5)*

Catégorie 2
Bonne table. Entre 2 000 pesetas et 4 000 pesetas par per-

Les temples des gourmets

Eldorado Petit

Cuisine de chef mais prix élevés. Grandes créations à base de poissons et de fruits de mer. Cave exceptionnelle et desserts exquis.
Jolie terrasse. (A2)
*Fermeture : dimanche.
Dolors Monserdà, 51.
Tél. 2 54 55 06.
Métro : Sarrià.*

Neichel

L'Alsacien Jean-Louis Neichel ravit ses hôtes avec sa grande cuisine française. Imposant chariot de desserts et remarquable carte des vins (cognacs et eaux de vie très rares).
(O) *Av. Pedralbes, 16 bis.
Tél. 2 03 84 08.
Métro : Palau Reial (L3)*

Reno

Fondée en 1954, cette maison est devenue une institution barcelonaise. Les nouvelles créations ne sont présentées aux clients qu'après avoir reçu l'agrément d'un comité de connaisseurs de renom.
(C2) *Tuset, 27.
Tél. 2 00 91 29*

Via Veneto

Luxueuse maison de renommée internationale qui a reçu le prix national de la gastronomie.
Ses dernières créations : raviolis au foie de canard frais, charlotte de sole aux champignons. (B2)
*Ganduxer, 10-12.
Tél. 2 00 70 24*

sonne (120-240 F), boisson non comprise.

Brasserie Flo

Salle joliment décorée dans le style moderniste, où l'on sert très tard. Cuisine typique des brasseries parisiennes, carte bien fournie où la priorité est donnée aux plats français : chateaubriand, escalope de foie gras, magret, tarte Tatin, profiteroles. Un régal ! (E3) *Jonqueres, 10. Tél. 3 17 80 37. Métro : Urquinaona (L1, L4)*

Can Leopoldo

◉ Créé à l'occasion de l'Exposition universelle de 1929, ce restaurant est devenu une institution à Barcelone. Cuisine maison de grande tradition à des prix très abordables. Les amateurs de poissons et de fruits de mer seront gâtés, pour quelques pesetas de plus. Clientèle très composite, où les artistes se mêlent au public. Le restaurant se trouve en plein milieu du Barrio Chino. (D4) *Fermeture : lundi. Sant Rafael, 24. Tél. 2 41 30 41. Métro : Paral-lel (L3)*

Can Majó

Situé dans le quartier de la Barceloneta, tout près du port, il propose des spécialités de poissons. Nous vous conseillons ses merveilleux riz de poissons (dont la *paella negra*) très renommés ; il est prudent de réserver. (F4) *Fermeture : dimanche soir et lundi. Almirall Aixada, 23. Tél. 319 50 96. Métro : Barceloneta (L4)*

Casa Isidro

★ Etablissement célèbre, clientèle d'habitués. La cuisine traditionnelle et familiale est toujours de première fraîcheur, le menu variant en fonction de la saison, avec toujours une note personnelle. Exemple : cervelle d'agneau au beurre noir. (D4) *Fermeture : dimanche. Les Flors, 12. Tél. 2 41 11 39. Métro : Paral-lel (L3)*

Club Marítimo (T)

Situé sur le port de plaisance, ce restaurant offre une vue panoramique sur Barcelone, sur les voiliers et les yachts. Ce n'est pas son seul atout : la carte y est de grande classe. Parmi des mets exquis, on vous proposera une cervelle aux petits oignons blancs ou de délicieux plats de poisson, comme par exemple le *suprema de dente con salsa de cigalas.* (F4) *Fermeture : dimanche soir et lundi. Moll d'Espanya. Tél. 315 02 56*

El Túnel

★ Un classique parmi les restaurants de Barcelone. Le chef propose une cuisine typiquement catalane (par exemple cannellonis truffés, chevreau braisé), une bonne sélection de vins et un service soigné. (E4) *Fermeture : dimanche soir et lundi. Ample, 33-35. Tél. 3 15 27 59*

Els Perols de l'Empordà

Dans un cadre rustique, vous aurez le choix entre toutes les spécialités de la cuisine de l'Empordà, région du nord-est de la Catalogne : riz noir, calmars farcis et autres gourmandises. (D3) *Fermeture : dimanche soir et lundi. Villarroel, 88. Tél. 3 23 10 33. Métro : Urgell (L1)*

Giardinetto Notte

Le rendez-vous des hommes politiques, des journalistes, du show-biz, bref de tous ceux qui se veulent "branchés". On y sert très tard dans la nuit, jusqu'à 2 h du matin. La carte est peu variée mais les plats sont de qualité : spécialités de pâtes maison, plats de riz et de très très bons gâteaux. (C2) *Fermeture : dimanche. La Granada del Penedès, 22. Tél. 2 18 75 36. Métro : Gràcia (F. C. G.)*

Gorria

★ La cuisine navarraise et basque que vous propose cet établissement est reconnue dans toute l'Espagne. Service soigné, produits de première qualité, les plats sont très copieux et les prix tout à fait raisonnables. On vous recommande parmi toutes les spécialités maison : le rôti d'agneau Roncal. Bonne sélection de vins rouges, *Rioja* bien sûr. (E2) *Fermeture : dimanche. Diputació, 421. Tél. 2 45 11 64*

La Mercantil Peixatera

Ce restaurant s'adresse aux amateurs de poisson : pas la moindre viande sur la carte, mais beaucoup de fruits de mer, préparés de diverses manières : grillés, au four, à la cocotte. Service tard dans la nuit. Excellent rapport qualité-prix, pour une cuisine tout à fait classique et de première qualité. (C3) *Fermeture : lundi. Aribau, 117. Tél. 2 53 35 99. Métro : Provença (F. C. G.)*

Orotava

La maison est connue de longue date pour ses spécialités de gibier (cuissot de chevreuil, perdrix rôties). Cuisine originale, servie dans un cadre très soigné. Café-concert les week-ends (D2) *Consell de Cent, 335. Tél. 3 02 31 28. Métro : passeig de Gràcia (L3, L4)*

Pà i Trago

★ ◉ Ce restaurant toujours bondé est spécialisé dans la cuisine catalane. Un exemple : calmars accompagnés de boulettes de viande. Les familles du quartier viennent y déjeuner le dimanche, on y fête les anniversaires. Ambiance décontractée, service agréable et sympathique. (D4) *Fermeture : lundi. Parlement, 41. Tél. 2 41 13 20. Métro : Poble Sec (L3)*

Passadís del Pep

Bien que caché au fond du couloir contigu à la Caixa de Barcelona, c'est actuellement l'un des restaurants les plus originaux et les plus fréquentés de Barcelone. Il vaut mieux réserver. La maison s'est spécialisée dans la cuisine de poissons et de crustacés. On peut suivre les recommandations du chef en toute quiétude. Vous pourrez même obtenir des petites portions, si vous souhaitez goûter plusieurs spécialités. (F3) *Fermeture : dimanche. Pla de Palau, 2. Tél. 3 10 10 21. Métro : Barceloneta (L4)*

Satélite

Restaurant populaire qui, bien que très fréquenté et sans prétention, propose toujours une cuisine fort honorable. Grand choix de spécialités catalanes, par exemple : brochet avec sa mousse au crabe. (B-C3) *Fermeture : samedi, dimanche soir.*

Av. de Sarrià, 10. Tél. 3 21 34 31. Métro : Hospital Clínic (L5)

Senyor Parellada

Cuisine bourgeoise et familiale : macaronis, pieds de porc, viande braisée en sauce, sans oublier la *bacallà a la llauna*, et par-ci par-là un soupçon de gastronomie française. (E3) *Fermeture : dimanche. Argenteria, 37. Tél. 3 15 40 10. Métro: Jaume I (L4)*

Vell Sarrià (T)

Agréable restaurant situé dans une magnifique villa du quartier de Sarrià ; salles à l'étage, l'été service en terrasse. Spécialité : cannellonis aux crustacés. (O) *Fermeture : dimanche et lundi midi. Plaça del Consell de la Vila, 11. Tél. 2 04 57 10. Métro : Reina Elisenda (F. C. G.)*

Los Caracoles

Fondé en 1835, c'est probablement le restaurant barcelonais le plus connu, en partie à cause de son décor unique et de son ambiance catalane. Cuisine honorable. Il faut goûter bien sûr les escargots à la casserole. (E4) *Escudellers, 14. Tél. 3 02 31 85*

Catégorie 3
Simple. Moins de 2 000 pesetas (120 F) par personne, boisson non comprise.

Atzavara

Un de ces nombreux petits restaurants du quartier de Gràcia, cette fois dans le nouveau "look barceloní". Spécialité de la maison : assortiment de salades composées. (C-D 2) *Fermeture : mercredi. Francisco Giner, 50. Tél. 2 37 50 98. Métro : Diagonal (L3, L5)*

La Buena Tierra (T)

Restaurant végétarien du quartier de Gràcia. Jolie petite terrasse, cuisine variée, atmosphère sympathique. A recommander aux végétariens et aux autres. (D1) *Fermeture : dimanche et lundi soir. Encarnació, 56. Métro : Joanic (L4)*

Ca l'Agustí

Un restaurant très avantageux où vous attend toute une série de spécialités catalanes (surtout le dimanche), par exemple : cannellonis, paellas, ou lapin aux escargots. (C1) *Verdi. 28, Tél. 2 18 53 96. Métro : Fontana (L3)*

Can Culleretes

Fondé en 1786, cet établissement est l'un des plus connus de Barcelone. Les salles de restaurant sont joliment décorées, l'ambiance est populaire et bruyante. Spécialité du *porquet a la catalana*, pied de porc à la catalane. (E4) *Fermeture : dimanche soir et lundi. Quintana, 5. Tél. 3 17 64 85. Métro : Liceu (L3)*

Les étals des marchés de Barcelone ouvrent l'appétit.

Can Margarit

★ Anciennes écuries, transformées en restaurant populaire, style taverne, toujours bondé. Il est prudent de réserver. Enric, le chef de la maison, offre volontiers un verre avant le repas. (D5) *Ouvert seulement le soir, fermeture : dimanche. Concòrdia, 21. Tél. 2 41 67 23*

Egipte

★ ⚲ Un nom exotique pour une cuisine tout à fait régionale servie copieusement. Situé derrière le marché Boqueria, il accueille une clientèle d'habitués composée d'étudiants, d'artistes, de fonctionnaires et d'hommes d'affaires. Toujours plein. (E4) *Fermeture : dimanche. Jerusalem, 3. Tél. 3 17 74 80. Métro : Liceu (L3)*

Matagana

⚲ Bel établissement, agréable, qui convient à un public jeune. Bonne cuisine, service agréable, et des prix très corrects. (D2) *Fermeture : dimanche. Francisco Giner, 40. Tél. 2 37 18 23*

Peps Bufet

Petit établissement ne comptant que huit ou neuf tables dans une salle bien décorée, que l'on peut ne pas remarquer en passant dans le quartier animé de la Ribera. La formule buffet permet de se servir à volonté pour une somme modique. Cuisine de qualité. (E3) *Uniquement le soir. Grunyí, 5. Tél. 3 10 07 09. Métro : Jaume I (L4)*

CUISINE EXOTIQUE

Peking

Dans toute grande ville, on peut trouver un restaurant chinois. Celui-ci ne sert pas que de l'ambiance. Dans une salle dont le décor est tout sauf chinois, vous dégusterez une cuisine très soignée. Ce restaurant vaut vraiment le déplacement. (D2) *Fermeture : dimanche soir. Rosselló, 202. Tél. 2 15 01 77. Métro : Diagonal (L3, L5)*

Yamadori

Un restaurant japonais, où se combinent tradition et compétence. Célèbre pour son atmosphère toute de sérénité et de quiétude typiquement orientale. Il est impératif de réserver, l'établissement est petit. Spécialités de la maison : plats de poissons crus. (D3) *Fermeture : dimanche. Aribau, 68. Tél. 2 53 92 64*

Les vins catalans

Dans l'Empordà et sur la Costa Brava, les vins rosés sont conseillés ainsi que les vins rouges, surtout les vins nouveaux, très aromatisés. La région viticole la plus prospère de Catalogne est sans doute le Penedès, célèbre pour ses blancs, *macateu, xarel-lo* et *pavellada,* des vins secs, légèrement acidulés, servis frais.

Les bonnes adresses

Marchés méditerranéens, antiquités,
mode et accessoires :
un mélange bien dosé de tradition et de modernité.

Barcelone est la ville d'Espagne qui compte le plus de boutiques au mètre carré. S'y concentrent, en outre, les plus grands noms de la mode espagnole et européenne. Le coût de la vie y est très élevé. Les Barcelonais en savent quelque chose ! Ils ont appris depuis longtemps à attendre la saison des *rebaixes*, en espagnol *rebajas*, pour faire leurs achats. Celle-ci correspond plus ou moins à la période des soldes en France (deux saisons de soldes à la fin de l'été et de l'hiver) et dure assez longtemps. Il est tout à fait courant de trouver des promotions en dehors de la saison officielle des soldes. Les prix dépendent bien sûr de la nature des boutiques. On dit que, en général, plus on s'éloigne de la mer, plus ils ont tendance à grimper - exception faite du secteur très commercial de la vieille ville.

Parmi les quartiers commer-

L'éventail des souvenirs que l'on peut ramener de Barcelone est très large : l'accessoire ou l'objet dernier cri côtoient le traditionnel.

çants, il faut signaler dans la vieille ville la carrer Pelai, spécialisée dans la chaussure de fabrication espagnole, la carrer Portaferrissa et l'Avinguda del Portal de l'Angel (boutiques de mode destinée aux jeunes). Le quartier de l'Eixample (la nouvelle ville), au-delà de la plaça de Catalunya, regorge de galeries marchandes, de magasins d'antiquités, en particulier dans le passeig de Gràcia, de boutiques d'exclusivités, sur la rambla de Catalunya ou l'avinguda de la Diagonal. On paie en liquide ou par carte de crédit (le paiement par carte pose problème en période de soldes). Les horaires que pratiquent les boutiques peuvent varier. En règle générale, les magasins ouvrent de 9 h 30 à 13 h-13 h 30, et de 16 h 30-17 h à 19 h-20 h. Les magasins d'alimentation sont ouverts du matin jusque tard dans la soirée (pause de midi aux alentours de 14 h, journée continue le vendredi). Les grandes surfaces font la journée continue (de 10 h à 20 h) du lundi au samedi inclus.

Parmi les objets d'artisanat traditionnels à rapporter figurent la céramique, le verre, le fer, les émaux, la dentelle, le cuir, la brocante. De plus, Barcelone étant devenue une capitale du design international, il ne vous sera pas difficile de trouver dans une boutique du centre ville un objet original et beau, linge, pièce de vaisselle, livre, bande dessinée, gadget, bijou, etc.

ANTIQUITÉS

Les amateurs d'antiquités seront ravis. A Barcelone, on trouve évidemment tout ce qui est objet d'art ou bibelot de la période moderniste catalane. Les boutiques se trouvent pour la majorité d'entre elles dans le secteur de la vieille ville (carrer dels Banys Nous) et vers la plaça de les Glòries où se tient le marché aux puces (Encants Nous). Si vous souhaitez un rapide aperçu sur ce qui se vend à Barcelone, allez donc passeig de Gràcia au Gremi d'Antiquaries de Barcelona, où des antiquaires remarquables ont ouvert leurs boutiques :

★*Centre d'Antiquaris (D2), Passeig de Gràcia, 55-57. Métro : Passeig de Gràcia (L3, L4)* Avec un peu de chance vous finirez bien par trouver l'objet rare, les marchés aux antiquités et à la brocante sont nombreux et réguliers à Barcelone. Les prix pratiqués sont plutôt élevés.

★*Els Encants Nous (Fira del Bellcaire) (F1) Lundi, mercredi, vendredi et samedi de 8 h à 19 h, en été jusqu'à 20 h. Plaça de les Glòries.*
Métro : Glòries (L1)
Mercat Gòtic (E3) Jeudi (sauf en août) de 9 h à 20 h. Plaça

Nova (près de la cathédrale). Métro : Catalunya (L1, L3)

Quelques bonnes adresses :

Austerlitz
Une adresse à garder pour soi. Collection de pistolets, casques, sabres. (E3) *Palla, 3. Métro : Liceu (L3)*

Camilla Hamm
Spécialisée dans le meuble de la première moitié du XXe siècle. (D2) *Rosselló, 197. Métro : Diagonal (L3, L5)*

Las Meninas
Meubles, bronzes, montres, tapis, grand choix d'ivoires et de porcelaines. (C2) *Enric Granados, 143. Métro : Diagonal (L3, L5)*

TIMBRES ET MONNAIES

Mercat de Segells i Monedes
◉ Tous les dimanches matin, les philatélistes et numismates se retrouvent plaça Reial où se tient le marché aux timbres et pièces de monnaie. Le mieux est de s'y rendre pour prospecter. On peut ensuite tout à loisir acquérir la pièce de valeur dans une des nombreuses boutiques ouvertes en semaine. (E4) *Dimanche de 10 h à 14 h. Plaça Reial. Métro : Liceu (L3)*

LIVRES

Vous trouverez livres et pièces de collection chez les bouquinistes de la carrer Diputació (derrière l'université), dans le Banys Nous, dans les ruelles du quartier gothique ainsi qu'au

SÉLECTION MARCO-POLO

1 Alfredo Villalba
Une boutique de mode où l'on ne trouve que des modèles uniques (p. 59).

2 Bulevard Rosa
Le haut lieu incontesté de la mode branchée (p. 56).

3 Castelló
L'univers du disque à Barcelone (p. 60).

4 Centre d'Antiquaris
Il propose tout ce que Barcelone peut réunir comme antiquités (p. 54).

5 El Celler de Gelida
Tous les vins et spiritueux, avec des conseils avisés (p. 61).

6 Els Encants Nous (Fira del Bellcaire)
Le marché aux puces le plus couru de Barcelone (p. 54).

7 Massimo Dutti
Gamme de vêtements pour les hommes branchés (p. 60).

8 Mercat de Sant Josep (Boqueria)
A voir absolument (p. 59).

9 Norma
Un véritable paradis pour les amateurs de BD (p. 56).

10 Vinçon
Numéro un du design barcelonais (p. 57).

---

marché aux livres et aux timbres qui a lieu le dimanche autour des halles de Sant Antoni.

Mercat de Numismàtica i del Llibre

(D4) Mercat de Sant Antoni. Dimanche de 10 h à 14 h. Ronda de Sant Pau. Métro : Urgell (L1)
Le livre fait fréquemment l'objet de marchés ou de foires. Début avril est organisée la Semaine du livre catalan. Elle a lieu chaque année dans une ville différente. Le 23 avril, jour de la Saint-Georges, se tient un marché aux livres. A l'occasion de la fête de la Mercè (septembre-octobre), on organise une foire aux livres sur le passeig de Gràcia. Si vous n'avez pas la chance de vous trouver à Barcelone pendant cette période, vous pouvez toujours vous rendre aux adresses suivantes :

Ona

Librairie spécialisée dans la littérature catalane. *(E2-3) Gran Via de les Corts Catalanes, 654. Métro : Urquinaona (L1, L4)*

Look

Spécialisé dans la littérature, vaste magasin dans lequel le rat de bibliothèque est sûr de trouver son bonheur. *(C2) Balmes, 155. Métro : Diagonal (L3, L5), Provença (F. C. G.)*

Librairie française

(D3) *Passeig de Gracià, 91.*
Métro : Passeig de Gracià (L3,
L4)

BD

La BD made in Barcelone est de
toute première qualité. Pour s'en
rendre compte, il suffit d'aller
faire un tour le dimanche matin
au Mercat de Sant Antoni pour
voir ce qu'éditent *Cairo* ou
Complot. Le dessinateur et desi-
gner Javier Mariscal, collabora-
teur du légendaire *El Víbora*, est
le créateur de Coby, un chien de
berger devenu mascotte olympique : Coby est très reconnais-
sable à ses trois poils sur la tête
qui, comme ses yeux ou sa
gueule, peuvent varier en fonction de son humeur. Ainsi,
lorsque Coby est fâché, ses poils
se nouent en spirale.

Où se rendre, si l'on souhaite
acheter de la BD ?

Can Còmic

(E4) *Riera Baixa, 16. Métro :*
Liceu (L3)

Makoki

(E3-4) *Plaça de Sant Josep*
Oriol, 4. Métro : Liceu (L3)

Norma

★ ♠ (E2) *Passeig de Sant Joan,*
9. Métro : Arc del Triomf (L1)

PASSAGES

Dans le domaine de la mode et
du design, Barcelone donne le
ton depuis déjà quelques années.
On s'en rend facilement compte
lorsque l'on arpente les passages
appelés ici *bulevars*. Nom-

breuses boutiques, cafés, petits
restaurants se partagent l'espace
et poussent comme des champignons. Les amateurs de shopping seront ici à leur aise ;
l'offre en matière de mode – accessoires, bijoux fantaisie, gad-
gets – est immense mais
s'adresse plus ou moins à une
clientèle jeune et branchée (les
prix sont parfois exagérés). Il
vaut mieux s'y promener en semaine, car le samedi il y a foule.

Bulevard Rosa

★ (D2) *Passeig de Gràcia, 53*
ou (C2) *Diagonal/Via Augusta.*
Métro : Diagonal (L3, L5)
(A3) *Diagonal–Joan Güell. Mé-*
tro : Maria Cristina (L3)

Condal Center

(D3) *Passeig de Gràcia/Gran*
Via de les Corts Catalanes. Mé-
tro : Catalunya (L1, L3)

La Avenida

(D2) *Rambla de Catalunya, 113.*
Métro : Diagonal (L3, L5)

CADEAUX ET SOUVENIRS

Dans certaines boutiques touris-
tiques, on trouve encore ces
poupées folkloriques, comme la
danseuse de flamenco ou le to-
rero à la *muleta*. Mais Barcelone, haut lieu du design et de la
création, a bien mieux à vous
offrir. Voici les adresses de
quelques magasins à la pointe
du design actuellement :

Dos y Una

Idées de cadeaux vraiment très
extravagants : nombreuses es-
quisses de Mariscal, lunettes,
cartes postales... (D2) *Rosselló,*
275. Métro : Diagonal (L3, L5)

Insòlit

Cendriers, luminaires, pendules... Tous les objets utiles dans une maison. Leur look barcelonais est inimitable. (D2) *Diagonal, 353. Métro : Verdaguer (L4, L5)*

B. D.

On y vend des meubles au *look barceloni* dernier cri, signés par des designers comme Bonet, Tusquets et Mariscal. Vous y trouverez aussi copies de style moderniste. (D2) *Mallorca, 291. Métro : Passeig de Gràcia (L3, L4)*

Vinçon

★ L'une des premières boutiques qui se soit spécialisée dans les objets de design. Petits meubles, vaisselle, verres, et des idées de cadeaux très originaux. A l'étage, une exposition de meubles tout à fait remarquable. C'est ici qu'habitait Santiago Rusiñol, le peintre moderniste. (D2) *Passeig de Gràcia, 96. Métro : Diagonal (L3, L5)*

Les galeries Maldà.

(A3) *Av. de la Diagonal, 652-656. Métro : Maria Cristina (L3)*

Galerías Preciados

(E3) *Portal de l'Angel, 19. Métro : Catalunya (L1, L3)*

ARTISANAT D'ART

Si, à l'heure de la production industrielle, vous êtes encore de ceux qui préfèrent chercher l'objet façonné avec amour, à mi-chemin entre art et artisanat, sachez qu'à Barcelone vous trouverez toutes sortes d'objets faits main. Mais attention, là prudence est de mise, le terme *artesania* peut aussi vous réserver de mauvaises surprises. Beaucoup de ces objets sont purement et simplement fabriqués en Extrême-Orient. Mais d'autres sont produits en Espagne, dans un de ces villages où se sont installées de petites unités d'artisanat traditionnel.

GRANDS MAGASINS

L'immense diversité de boutiques spécialisées rend les grands magasins presque superflus à Barcelone. Attention, les deux magasins du centre ville sont souvent bondés quelle que soit l'heure. Le Corte Inglés situé sur la Diagonal est plus calme en semaine.

El Corte Inglés

(E3) *Plaça de Catalunya, 14. Métro : Catalunya (L1, L3)*

Artesania del Vidre Català

La verrerie est une activité traditionnelle en Espagne. Certaines pièces sont façonnées sous l'œil du visiteur (en semaine uniquement). Tous les objets présentés sont au goût du jour. (C5)
Poble Espanyol (Montjuïc).
Métro : Espanya (L1, L3)

Artespania

Parmi une multitude d'objets, meubles ou objets d'art espagnols, vous puiserez sans peine des idées de jolis cadeaux. (D2)
Rambla de Catalunya, 75.
Métro : Passeig de Gràcia (L3, L4)

Centre Permanent d'Artesania

Galerie financée par le gouvernement régional de Catalogne qui rassemble, par thème, des objets de l'artisanat local (céramique, fonte, verre...). Tout à fait recommandé. (D2)
Passeig de Gràcia, 55. Métro : Passeig de Gràcia (L3, L4)

Cerería Subirá

Cette fabrique de bougies, fondée en 1761, est devenue un magasin de cierges et d'objets en cire. Son décor XVIIIe siècle, avec escalier à double révolution, balcons, boiseries et vitrines aux teintes coquille d'œuf, a été conservé. (E3)
Llibreteria, 7.
Métro : Jaume I (L4)

Itaca

Une des plus belles boutiques de céramique de Barcelone. (E4)
Ferran, 26.
Métro : Liceu (L3)

La Manual Alpargatera

Ce fabricant d'espadrilles (toutes formes, toutes tailles, toutes couleurs) est connu dans le monde entier : il chausse le pape Jean-Paul II et Jack Nicholson. Objets en osier et en raphia, chapeaux, paniers, tapis... (E4) *Avinyó, 7.*
Métro : Liceu (L3)

Le matin sur la Rambla, les oiseleurs exposent leur marchandise.

MARCHÉS

Sûres d'y trouver la qualité au meilleur prix, les Catalanes aiment à fréquenter leurs marchés. Elles ne prêtent plus guère attention à la beauté des halles, bâties en plein modernisme. Elles sont depuis longtemps accoutumées à leur mélange bigarré de formes, de couleurs, de bruits, d'odeurs. En s'y promenant, le visiteur aura un excellent aperçu de la vie populaire de Barcelone, au milieu des cris des vendeurs, des couleurs des étalages et des produits proposés, du plus raffiné au plus rustique.

Mercat de la Concepció
De magnifiques étals de fleurs, vers la carrer València. (D2) *Aragó/Bruc. Métro : Passeig de Gràcia (L3, L4)*

Mercat de Sant Antoni
Les plus grandes halles de Barcelone. Récemment rénovées, elles sont de toute beauté. (D4) *Urgell/Tamarit. Métro : Urgell (L1)*

Mercat de Sant Josep - La Boqueria
★ Situé sur la Rambla, c'est le marché le plus connu et le plus fréquenté de Barcelone. Il couvre à lui seul trois pâtés de maisons et semble un labyrinthe géant aux multiples ramifications (plus de 200 commerces). Les touristes, pris dans la foule qui se presse autour des étals croulant sous le poids des marchandises, ont parfois bien du mal à se déplacer. On se mêle aux Catalanes et aux chefs des plus grands restaurants barcelonais qui viennent chercher là les meilleurs produits aux meilleurs prix. (E4) *Rambla, 85. Métro : Liceu (L3)*

Mercat de Santa Caterina
◉ Santa Caterina est l'un des marchés les plus avantageux de la ville. Il se tient dans un quartier très populaire. (E3) *Francesc Cambó/Giralt el Pellisser*

MODE

Barcelone est devenue depuis quelques années un haut lieu de la création de mode (haute couture et prêt à porter). Il est donc très facile de s'y acheter des vêtements dernier cri ou d'y dénicher l'accessoire fantaisie unique en son genre. Les jeunes se dirigeront vers le centre de la ville (carrer Portaferrissa et rues adjacentes), les moins jeunes iront dans la partie nord de Barcelone (passeig de Gràcia, Diagonal, plaça de Francesc Macià). Il est difficile de donner des adresses précises car le phénomène de mode touche aussi les magasins... de mode et les boutiques changent souvent de propriétaires. Le mieux est de flâner dans les quartiers les plus commerçants et de partir à l'aventure.

Alfredo Villalba
★ Des prix exorbitants n'ôtent rien aux charmes de cette boutique qui proposent des modèles uniques. (D2) *Rambla de Catalunya, 88. Métro : Passeig de Gràcia (L3, L4)*

Charol
⚘ Mode et accessoires dans une ambiance jeune, branchée et

musicale. (E3) *Portal de l'Angel, 10. Métro : Catalunya (L1, L3)*

Galón Glacé

Vous y trouverez entre autres les modèles les plus séduisants de la créatrice espagnole Sybilla. (D2) *Passeig de Gràcia, 76. Métro : Passeig de Gràcia (L3, L4)*

Massimo Dutti

★ Mode pour hommes, excellent rapport qualité-prix, surtout pour les chemises. Massimo Dutti a ouvert plusieurs magasins du même nom, signe de son succès. (C2) *Via Augusta, 33.* (D3) *Gran Via de les Corts Catalanes/passeig de Gràcia. Métro : Catalunya (L1, L3)*

Palmera

Une mode jeune à petits prix. (E3) *Portal de l'Angel. Métro : Catalunya (L1, L3)*

Zara

Le magasin de prêt à porter pour toute la famille. Au top de la mode actuellement. (D2) *Rambla de Catalunya, 67. Métro : Passeig de Gràcia (L3, L4).* (E3) *Pelai/Rambla. Métro : Catalunya (L1, L3)*

DISQUES

Si vous vous trouvez à Barcelone en octobre, et si vous êtes un fan de disques, ne ratez pas la Fira del Disc. Cette foire, qui a lieu tous les ans au marché couvert de Born *(passeig del Born)*, est un véritable paradis pour les collectionneurs de vieux microsillons et de disques rares.

Castelló

★ Spécialisée dans le disque depuis les années 40, la famille Castelló vient d'ouvrir son quatrième magasin : on y trouve pratiquement tout. (D-E3) *Tallers, 3, 7, 79. Métro : Catalunya (L1, L3).* (E4) *Nou de la Rambla, 15. Métro : Liceu (L3)*

Pelayo 14

Toutes les musiques sont représentées, à des prix extraordinaires. Grand choix de musiques de films. (D3) *Pelai, 14. Métro : Universitat (L1)*

On trouve des disques d'occasion dans les magasins suivants.

Discos Edison's

(D4) *Riera Baixa, 1. Métro : Liceu (L3)*

Impacto

(E4) *Sant Pau, 12. Métro : Liceu (L3)*

BIJOUX

Si votre budget vacances vous y autorise, ne manquez pas d'entrer dans une joaillerie de Barcelone. On y propose des modèles classiques et design à des prix souvent plus raisonnables qu'ailleurs. Les joailliers se trouvent pour la plupart passeig de Gràcia où se côtoient tous les grands noms de la bijouterie et de l'orfèvrerie barcelonaises.

J. Roca

Bijouterie fondée il y a fort longtemps. Bijoux de facture classique. (D3) *Passeig de Gràcia, 18. Métro : Passeig de Gràcia (L3, L4)*

De savants décors de céramiques marquent les entrées des boutiques sur la Rambla, héritage du modernisme barcelonais.

Masriera i Carreras

Bijoux de style moderniste. (D3) *Passeig de Gràcia, 26. Métro : Catalunya (L1, L3)*

Puig Doria

Pièces classiques et modèles originaux. Ce créateur est souvent récompensé dans les salons internationaux de bijouterie. (B2) *Diagonal, 612*

VINS - SPIRITUEUX - CONFISERIES

Pour sortir un peu des sentiers battus, il faut laisser de côté les grandes marques et goûter à des petits vins catalans peu connus ; les propriétaires de *bodegues* vous guideront volontiers dans votre choix. Et si un peu plus loin, dans la même rue, une subtile odeur de chocolat venait à vous surprendre, laissez-vous tenter.

El Celler de Gelida

★ Il faut absolument avoir vu la cave d'Antoni Farreres, qui se situe à Sants. On y trouve tout. Et avec un peu de chance vous pourrez aussi déguster. (B4) *Vallespir, 65. Métro : Plaça del Centre (L3)*

Fargas

Les subtiles effluves des chocolats faits maison attirent le passant vers cette jolie boutique moderniste, de tradition ancestrale. (E3) *Carrer del Pi, 16. Métro : Catalunya (L1, L3)*

Queviures Murria

Dans une magnifique boutique moderniste, Joan Murria propose des vins et des fromages. Il s'est spécialisé dans les *vinos generosos*. (D2) *Roger de Llúria, 85. Métro : Passeig de Gràcia (L3, L4)*

Tutusaus

Spécialités de charcuteries et de fromages catalans. (O) *Industria, 165. Métro : Hospital de Sant Pau (L5)*

Où dormir ?

*Si vous choisissez de dormir à Barcelone,
vous serez bien accueillis, à condition toutefois
de réserver à l'avance.*

Les hôtels à Barcelone sont relativement chers et ils affichent souvent complet. Actuellement, la ville augmente ses capacités d'hébergement mais il est toujours prudent de réserver, même en dehors des périodes de pointe. Barcelone accueille en effet un bon nombre de manifestations en tout genre (foires et salons). Si vraiment vous ne trouviez plus une chambre libre dans toute la ville, il vous resterait alors la formule du *bed and breakfast* (chambre chez l'habitant), récente à Barcelone. Renseignement : *Café Colcha* (E3) *Trafalgar, 52. Tél. 3 01 26 97.*

Officiellement les hôtels sont classés en 5 catégories (de 1 à 5 étoiles). Théoriquement les critères de classification sont très stricts mais dans la pratique on ne peut pas vraiment s'y fier. Les hôtels à une ou deux étoiles

L'Oriente, un des hôtels les plus célèbres de Barcelone pour avoir hébergé artistes et intellectuels du XIXe et du XXe siècle.

(ainsi que les pensions ou ce qu'il est convenu d'appeler *hostals)* laissent parfois à désirer. Dans une grande ville comme Barcelone, ils sont même parfois peu recommandables. Pour vous permettre de mieux vous y retrouver, nous les avons classés en 3 catégories. Le groupe C comprend les hôtels dont le prix maximum d'une nuit en chambre double peut aller jusqu'à 7 000 pesetas (420 F). Dans le groupe B le prix d'une chambre varie entre 7 000 et 12 000 pesetas (420 F-720 F). Dans le groupe A sont regroupés les hôtels qui appartiennent déjà à la catégorie luxe. Les prix sont toujours indiqués sans les taxes et varient suivant les saisons. La haute saison comprend l'été et les périodes de Noël et de la semaine sainte ainsi que certaines fêtes locales. Vous pourrez obtenir de plus amples informations auprès du Secrétariat général du tourisme qui édite un guide de l'hôtellerie espagnole, ou auprès du Secrétariat régional du commerce, de la consommation et du tourisme qui édite la brochure *Catalunya*

Hotels qui inclut tous les établissements hôteliers, du plus petit hôtel familial aux grands complexes dotés de tous les services. En Espagne, le petit déjeuner est toujours compris dans le prix annoncé ; il est composé en général d'un café au lait, de tartines de pain ou de croissants, beurre et confiture. Pour les routards, nous signalons à la fin du chapitre les auberges de jeunesse et les pensions bon marché où il faudra se contenter du minimum.

HÔTELS CATÉGORIE A

(à partir de 12 000 pesetas, 720 F)

Avenida Palace

★ Etablissement de grande classe. Très confortable, élégant, situé en plein centre ville, bien desservi. (D3) *Gran Via de les Corts Catalanes, 605.*
Tél. 3 01 96 00.
Métro : Catalunya (L1, L3)

Balmoral

Situé juste derrière la Diagonal, dans un quartier commerçant et animé, avec jardin. (C2) *Via Augusta, 5. Tél. 2 17 87 00.*
Métro : Provença (F. C. G.)

Calderón

Elégant hôtel moderne, qui accueille des hôtes de marque. Pour ceux qui peuvent supporter le bruit du centre ville. (D3) *Rambla de Catalunya, 26.*
Tél. 3 01 00 00.
Métro : Catalunya (L1, L3)

Colón

★ Construit en 1929 face à la cathédrale, c'est un des hôtels les plus agréables de Barcelone. Sobre et raffiné, il fut le séjour préféré des romanciers américains comme Dos Passos ou Steinbeck. Mais pour y loger, il faut avoir de la chance : les jolies chambres qui donnent sur la cathédrale et l'enceinte romaine sont souvent réservées longtemps à l'avance. (E3) *Avinguda de la Catedral, 7.*
Tél. 3 01 14 04.
Métro: Urquinaona (L1, L4)

Condes de Barcelona

★ Cet hôtel a été aménagé dans un magnifique immeuble moderniste du passeig de Gràcia : 100 chambres style Art déco, cadre raffiné, meubles laqués. Les suites Gaudí et Barcelona sont superbes. (D2) *Passeig de Gràcia, 75. Tél. 2 15 06 16.*
Métro : Passeig de Gràcia (L3, L4)

Hilton

Un hôtel de grand standing qui s'est ouvert récemment. Un peu excentré, mais situé dans une élégante zone résidentielle. (A3) *Diagonal, 589. Tél. 419 22 33.*
Métro : Maria Cristina (L3)

Majestic

Grand établissement classique, très confortable. L'ajout d'éléments modernes n'a rien enlevé au charme de cet hôtel du début du siècle. (D2) *Passeig de Gràcia, 70-72. Tél. 2 15 45 12.*
Métro : Passeig de Gràcia (L3, L4)

Regente

❀ Etablissement datant du début du siècle, luxueux et confortable. La salle de restaurant a été décorée dans le style moderniste. Le bar, situé au dernier étage, offre une belle vue sur la rambla de Catalunya. (D2) *Rambla de Catalunya, 76. Tél. 2 15 25 70. Métro : Passeig de Gràcia (L3, L4)*

Rivoli

Etablissement récent très bien situé dans la vieille ville, décoré par des designers barcelonais. Ici confortable rime avec fonctionnel et la sobriété devient luxe. (E3) *Rambla, 128. Tél. 3 0 2 60 71. Métro : Catalunya (L1, L3)*

Royal

★ Récent, moderne, confortable et fonctionnel C'est là que descendent les hommes d'affaires.

La vue sur la Rambla constamment animée enchantera aussi le touriste. (E3) *Rambla, 117. Tél. 3 01 94 00. Métro : Catalunya (L1, L3)*

HÔTELS CATÉGORIE B

(établissements tout confort, à partir de 7 000 pesetas, 420 F)

Aragón

Moderne, de catégorie moyenne. Il est certes un peu excentré, mais il n'en est que plus facile à trouver. Possibilité de parking (un avantage lorsque l'on est venu en voiture à Barcelone). (O) *Aragón, 569. Tél. 2 45 89 05. Métro : Clot (L1)*

SÉLECTION MARCO-POLO

1 Avenida Palace
Etablissement de grande classe, central (p. 64).

2 Colón
Un 4 étoiles, avec vue sur le Barri Gòtic (p. 64).

3 Condes de Barcelona
Grand standing pour les amateurs du modernisme catalan (p. 64).

4 Expo-Hotel
Idéal pour les exposants et visiteurs de salons (p. 66).

5 Villa de Madrid
Simple, central, vue sur les fouilles romaines (p. 69).

6 Lleó
Simple et bien situé (p. 68).

7 Regina
Charmant hôtel de catégorie moyenne, sur la plaça de Catalunya (p. 67).

8 Royal
Confort moderne, sur la Rambla (p. 65).

9 Tres Torres
Un 3 étoiles pour ceux qui aiment avant tout le calme (p. 68).

10 Gran Vía
Confortable, il a gardé son charme désuet (p. 66).

Astoria

Confortable hôtel moderne, remarquablement bien situé entre la rambla de Catalunya et la Diagonal. (C2) *París, 203.*
Tél. 2 09 83 11.
Métro : Diagonal (L3, L5)

Belagua

Etablissement moderne et confortable dans la ville haute. Garage privé, chiens admis. (C1) *Via Augusta, 89-91.*
Tél. 2 37 39 40.
Métro : Gràcia (F. C. G.)

Dante

Un 4 étoiles moderne et soigné, situé dans l'Eixample. Très bien desservi. Garage privé. (C3) *Mallorca, 181.*
Tél. 3 23 22 54.
Métro : Provença (F. C. G.)

Expo-Hotel

★ A proximité immédiate du palais des Expositions (et de la gare centrale), ce grand établissement moderne est fréquenté par les hommes d'affaires. Salles de conférences, piscine, salon de coiffure, discothèque. (B4) *Mallorca, 1–23.*
Tél. 3 25 12 12.
Métro : Sants-Estació (L3, L5)

Gótico

A deux pas de la plaça Sant Jaume et du Barri Gòtic, d'où son nom. Garage. (E3) *Jaume I, 14.*
Tél. 3 15 22 11.
Métro : Jaume I (L4)

Gran Vía

★ On se sent en confiance dans cet établissement moderne et confortable, un brin rétro, avec ses lustres et ses tapis. Particu-lièrement bien desservi. (E3) *Gran Via de les Corts Catalanes, 642. Tél. 3 18 19 00.*
Métro : Urquinaona (L1, L4)

Mitre

Charmant petit hôtel, confortable, très calme, dans la ville haute. Tout près du joli parc Putget. (B1) *Bertran, 9.*
Tél. 2 12 11 04.
Métro Putget (F. C. G.)

Oriente

Situé sur la Rambla, cet hôtel très célèbre de Barcelone fut le pied-à-terre de nombreux artistes et écrivains. C'est là que George Orwell se retira pendant la guerre d'Espagne pour rédiger *Ma Catalogne*. L'hôtel a fait l'objet d'un aménagement moderne, mais le salon de réception et la salle à manger ont gardé leur décoration Belle Epoque (colonnes corinthiennes blanc et or, plafond stuqué). (E4) *Rambla, 45-47.*
Tél. 3 02 25 58.
Métro : Liceu (L3)

L'hôtel Regina.

Hôtels de luxe

Meliá Barcelona Sarrià
Etablissement de grande classe : sauna, boutiques, salle de conférences, cascades dans les jardins. La haute société et le monde des affaires descendent dans cet hôtel, où la cuisine est toujours soignée. Particulièrement apprécié : le brunch du dimanche matin. A partir de 21 000 pesetas (1 260 F). (B3) *Avinguda de Sarrià, 48-50. Tél. 4 10 60 60*

Princesa Sofía
Du marbre, des petites fontaines, des jeux de lumière et des mètres et des mètres de voilages et de tentures. Hôtel de standing aux normes américaines. A partir de 23 000 pesetas (1 380 F). (A3) *Plaça Pius XII, 4. Tél. 3 30 71 11. Métro : Maria Cristina (L3*

Ramada Renaissance
Les stars du rock et de la pop' music, les divas qui se produisent au Liceu descendent dans cet hôtel de grand standing où se retrouvent ceux qui ont les moyens de s'offrir le confort le plus moderne dans le pur style Empire. A partir de 24 000 pesetas (1 440 F). (E3) *Rambla, 111. Tél. 3 18 62 00. Métro : Liceu (L3)*

Ritz
Toute l'histoire de Barcelone est inscrite dans les murs et les salons de ce palace ouvert en 1919. Dalí, qui logeait ici, s'y présenta un jour à sa muse Gala, juché sur un cheval. A partir de 36 000 pesetas (2 160 F). (E2) *Gran Via de les Corts Catalanes, 668. Tél. 3 18 52 00. Métro : Urquinaona (L1, L4)*

Regencia Colón
Confortable petit hôtel, situé en plein centre, à quelques pas de la cathédrale. Mais la vue est malheureusement cachée par l'hôtel Colón. (E3) *Sagristans, 13-17. Tél. 3 18 98 58. Métro : Urquinaona (L1, L4)*

Regina
★ Etablissement de tradition, très bien situé sur la plaça de Catalunya. Entièrement rénové, il a retrouvé sa place parmi les meilleurs. (D3) *Bergara, 2. Tél. 3 01 32 32. Métro : Catalunya (L1, L3)*

Rialto
Un établissement moderne tout confort dans un immeuble ancien. A proximité de la Rambla et de la plaça Sant Jaume. (E4) *Ferran, 40-42. Tél. 3 18 52 12. Métro : Liceu (L3)*

Suizo
Romantique petit hôtel, très proche du quartier gothique. Il est bien desservi et possède un parking privé. (E3) *Plaça de l'Angel, 12. Tél. 3 15 41 11. Métro : Jaume I (L4)*

Terminal

Confortable hôtel, bien aménagé et bien situé, face à la gare centrale. (B3) *Provença, 1.*
Tél. 3 21 53 50. Métro : Sants-Estació (L3, L5)

Tres Torres

★ Hôtel confortable, excentré, loin des bruits de la ville. Il est malheureusement mal desservi. (A1-2) *Calatrava, 32-34.*
Tél. 4 17 73 00. Métro : Tres Torres (F. C. G.)

HÔTELS CATÉGORIE C

(simples, moins de 7 000 pesetas, 420 F)

Atenas

Situé sur l'avinguda de la Meridiana, cet établissement conviendra particulièrement aux automobilistes qui veulent éviter les embouteillages du centre ville. Peu cher étant donné son standing. (O) *Meridiana, 151. Tél. 2 32 20 11. Métro : Clot (L1)*

Auto-Hogar

Modeste établissement 2 étoiles dans le quartier des spectacles et de la vie nocturne. Rien d'étonnant si vous rencontrez ici les danseuses de revue, venues se restaurer à la cafétéria avant le lever de rideau. (D-E4) *Parallel, 64. Tél. 2 41 84 00. Métro : Paral-lel (L3)*

Cortes

Cet hôtel simple a trouvé sa place en plein cœur de la vieille ville. (E3) *Santa Anna, 25. Tél. 3 17 92 12. Métro : Catalunya (L1, L3)*

España

La salle à manger au décor moderniste est extraordinaire. C'est là le seul détail remarquable de ce petit hôtel, situé à proximité du Liceu. Les chambres laissent malheureusement à désirer. (E4) *Sant Pau, 9. Tél. 3 18 17 58. Métro : Liceu (L3)*

Internacional

Petit hôtel simple, bien tenu, pas cher et bien situé. Le grand balcon qui court tout le long de la façade est parfait pour assister au spectacle de la Rambla en dessous. Cet établissement convient plus particulièrement aux jeunes ou à ceux que le tapage nocturne ne gêne pas. (E4) *Rambla, 78-80. Tél. 3 02 25 66. Métro : Liceu (L3)*

Lleó

★ Etablissement simple, sans prétention. Il est très bien situé sur la plaça de Catalunya, en plein cœur du centre commerçant. (D3) *Pelai, 24. Tél. 3 18 13 12. Métros : Universitat (L1), Catalunya (L1, L3)*

Residencia

Situé dans un quartier résidentiel, dans la ville haute. Malheureusement mal desservi. (A1) *Passeig Bonanova, 47. Tél. 2 11 50 22*

Rubens

Un peu à l'écart, mais il n'en est que plus tranquille. (O) *Passeig Nostra Senyora del Coll, 10. Tél. 2 19 12 04. Métro : Vallcarca (L3)*

San Agustín

Etablissement simple, de longue tradition, à deux pas de la Rambla. (E4) *Plaça Sant Agustí, 3. Tél. 3 17 28 82. Métro : Liceu (L3)*

Via Augusta
Hôtel simple, mais confortable, dans un quartier très commerçant. (C1) *Via Augusta, 63. Tél. 2 17 92 50. Métro : Gràcia (F. C. G.)*

Villa de Madrid
★ Central et cependant très calme. Très abordable pour ses prestations. Parking. (E3) *Plaça Villa de Madrid, 3. Tél. 3 17 49 16. Métro : Catalunya (L1, L3)*

HOSTALS

Les *hostals* sont de petits établissements du type pension de famille, qui offrent des prestations minimales pour des prix en général modiques (sigles Hs, HsR ou P). C'est là que l'on s'entasse à quatre copains dans la même chambre. Ils s'adressent à un public décontracté, ayant peu de moyens. Les deux bonnes adresses d'hostals qui suivent sont très courues, il est donc prudent de réserver.

Kabul
🏃 Sous les arcades de la plaça

Reial, une sorte d'auberge de jeunesse aux horaires libres. (E4) *Plaça Reial, 17. Tél. 3 18 51 90. Métro : Liceu (L3)*

Oasis II
🏃 (F3) *Pla del Palau, 17. Tél. 3 19 43 96. Métro : Barceloneta (L4)*

AUBERGES DE JEUNESSE

Vous obtiendrez tous les renseignements relatifs aux auberges de jeunesse auprès de : *Oficina de Turisme Juvenil* (D3) *Gravina, 1. Tél. 3 02 06 82. Métro : Universitat (L1)*

Vous pouvez aussi vous adresser directement aux auberges de jeunesse suivantes :

Alberg Pere Tarrès
(B3) *Numància, 149. Tél. 2 50 23 09*

Alberg Municipal Pujades
(F3) *Passeig Pujades, 29. Tél. 3 00 31 04*

Alberg Verge de Montserrat
(O) *Passeig Mare de Déu del Coll, 41-45. Tél. 2 13 86 33*

Deuxième nom de famille

Il se peut qu'à la réception de l'hôtel - ou au commissariat de police... - on vous demande votre second patronyme. Tous les Catalans et Espagnols portent en effet deux noms. Prenons un exemple : si M. Jordi Ferrer épouse Mme Montserrat Fuster, leur fils s'appellera alors Joan Ferrer Fuster.
Il porte donc obligatoirement le nom des deux parents.
De plus, en Catalogne, la femme mariée garde son nom.

Les dates à retenir

A l'occasion des grandes fêtes,
ambiance folle dans les rues
jusqu'au petit matin :
une atmosphère communicative.

Les fêtes populaires catalanes ont pratiquement toutes une origine religieuse. Il semble qu'au fil du temps les Catalans aient oublié que la Festa Major de la Mercè (la plus grande fête de Barcelone) était au départ destinée à rendre grâce à la Vierge, patronne de Barcelone. Cette manifestation a perdu tout caractère religieux et n'est plus que prétexte à réjouissances en tout genre : le 24 septembre, monstres, dragons de feu, géants, envahissent les rues du centre ville. Barcelone, en liesse, s'abandonne à une fête extraordinaire. A la nuit tombée, un magnifique feu d'artifice, tiré du haut du Montjuïc, vient clôturer cette folle journée. Mais ce n'est pas là, loin s'en faut, la seule fête de Barcelone. Carnaval, Sant Jordi (fête de la Catalogne, du livre et des roses), Saint-Jean, les Festes Majors dans les différents quartiers de la ville, Noël,

Tout le monde participe à
l'élaboration de la pyramide
des Castellers.

sont autant d'occasions pour faire la fête. La semaine sainte, sans atteindre la ferveur des célébrations d'Andalousie, est commémorée dans toute la Catalogne, avec une forte participation populaire. En été il y a moins de manifestations et passé la Nit de Sant Joan (23 juin), beaucoup de Barcelonais migrent vers les stations balnéaires de la Costa Brava. Ils tentent d'échapper à la chaleur parfois torride qui frappe alors Barcelone. Pourtant la municipalité organise toute une série de festivals de musique (pas seulement classique), de théâtre (festival El Grec), et des manifestations culturelles qui s'adressent à la fois aux Barcelonais restés sur place et aux touristes venus en nombre prendre possession des lieux.

JOURS FÉRIÉS

Calendrier des jours fériés à Barcelone : 1er janvier (Nouvel An), 6 janvier (Epiphanie), Vendredi saint, lundi de Pâques, 1er mai (fête du Travail), lundi de

Pentecôte, 24 juin (Saint-Jean), 25 juillet (fête de Santiago, saint Jacques, patron de l'Espagne), 15 août (Assomption), 11 septembre (fête nationale catalane), 24 septembre (fête de la Mare de Deu de la Mercè, patronne de Barcelone), 12 octobre (fête nationale d'Espagne, et date anniversaire de la découverte de l'Amérique), 1er novembre (Toussaint), 6 décembre (fête de la Constitution), 8 décembre (Immaculée Conception), 25 décembre (Noël), 26 décembre (Saint-Etienne).

CALENDRIER DES FÊTES

Janvier

Fira de Joguines : dans la semaine qui précède l'Epiphanie, soit du 1er au 5 janvier, les rues de Barcelone deviennent le théâtre de réjouissances en tout genre et d'une immense foire aux jouets. Du soir jusqu'au petit matin, en famille, entre amis, on traîne dans les rues, on fait la fête. (C4) *Gran Via de les Corts Catalanes, entre Viladomat, Rocafort et Plaça del Diamant*

★ *Cavalcada de Reis* : le 5 janvier, en fin d'après-midi, les rois mages et leur cortège débarquent au Moll de Fusta. Le défilé parcourt la ville pour la plus grande joie des enfants et de leurs parents. Les enfants ayant écrit aux rois et déposé leurs lettres auprès des pages qui, depuis plusieurs semaines, se tiennent aux points clés de la ville, attendent avec impatience que les rois mages envoient leurs émissaires dans la nuit du 5 au 6 sur les balcons pour déposer les cadeaux dans les chaussures qui y sont soigneusement rangées.

SÉLECTION MARCO-POLO

1 Cavalcada de Reis
5 janvier : arrivée des rois mages en costume d'apparat, les bras chargés de présents (p.72).

2 Sant Jordi
23 avril : Fête de la Catalogne. Journée du livre et Fête des roses (p. 73).

3 Nit de Sant Joan
23 juin : feux de joie, feux d'artifice, ambiance folle (p. 74).

4 Festival El Grec
Juillet/août : festival en plein air de musique, de danse, de théâtre et d'art (p. 74).

5 Festa Major de Gràcia
15 août : un quartier entier célèbre la fête de l'été (p. 74).

6 Festa Major de la Mercè
24 septembre : Barcelone fait la fête pendant une semaine : manifestations folkloriques et culturelles, dégustations de toutes sortes (p. 75).

Malheureusement, cette fête typiquement espagnole tend à être remplacée par la Noël. (D-E 3-4)

Sant Antoni Abat / Els Tres Tombs : jusqu'au milieu du XIXe siècle, le cheval et la carriole furent les seuls moyens de locomotion, d'où l'importance accordée par les cochers de Barcelone à la traditionnelle bénédiction de saint Antoine, patron des charretiers. L'ère de la charrette est depuis longtemps révolue, mais les Catalans, très respectueux des traditions, ont maintenu le défilé du 17 janvier. Ce jour-là, le cheval et d'autres animaux domestiques occupent le devant de la scène. *Ronda de Sant Antoni* (D4) *et Plaça Orfila* (O)

Février

Carnestoltes : sous Franco, les festivités du carnaval avait été supprimées. En 1980, elles furent à nouveau officiellement autorisées. Aujourd'hui, Barcelone ne saurait s'en passer. Tout commence vraiment le jour de mardi gras, *dijous gras*. Sa Majesté *Carnestoltes* proclame le début des réjouissances. La fête s'installe dans toute la ville, jusque dans les marchés. Le bal le plus somptueux et le plus fréquenté se déroule tous les ans à Born, sous les anciennes halles. Au moment de la *Rua*, la carnaval bat son plein, la foule est en délire. Dimanche précédant les Cendres. *Avinguda del Paral-lel* (C-E 4)

Mars

Romeria de Sant Medir : le 3 mars, presque toute la population de Barcelone participe au traditionnel pèlerinage à la chapelle Sant Medir. Le soir, les membres du cortège, certains à cheval, d'autres en calèche ou en voiture, déversent des tonnes de bonbons sur la foule massée le long des rues. *Quartier de Gràcia* (C-D 1-2)

Avril

★ *Sant Jordi :* le 23 avril, les Barcelonais ont trois événements à célébrer. Ce jour-là, on fête d'abord la Saint-Georges, patron de la Catalogne ; c'est presque une fête nationale. En 1923, les libraires décidèrent de faire de la journée anniversaire de la mort de Cervantes la journée du livre. C'est ce jour encore que l'on célèbre les premières roses et les amoureux. Vers la fin de l'après-midi tout Barcelone est dans la rue (ce jour-là, 10 % de remise sur les livres). *Dans toute la ville*

Mai

Feria de abril : la Catalogne compte un taux élevé d'habitants d'origine andalouse ; ces méridionaux sont parvenus à introduire certaines de leurs fêtes dans le nord de l'Espagne. A Barberà del Vallès, petite ville proche de Barcelone, se déroule une feria, réplique fidèle de la feria de Séville. Elle est l'occasion pour les Andalous de laisser libre cours à leur exubérance spontanée et spectaculaire qui s'oppose au tempérament plus grave du Catalan. Ceci étant, les Catalans se sentent parfaitement à l'aise dans cette ambiance de fête taurine. Fin avril-début mai. *Barberà del Vallès*

Sant Ponç : saint Pontien est le patron des herboristes. Le marché aux plantes médicinales organisé ce jour-là en son honneur, carrer Hospital, est toujours très fréquenté. En dehors des plantes médicinales, on peut y acheter toute une gamme de produits plus ou moins naturels : fruits confits, miel, confitures et bien sûr le célèbre *arrop*, fruits macérés dans du vin rouge. 11 mai. *Carrer Hospital* (D-E 3-4)

Danse à l'occasion d'une fête folklorique.

Corpus Christi : le jour de la Fête-Dieu, on décore la fontaine du cloître de la cathédrale de fleurs et on pose une coquille d'œuf, l'*ou comballa* (l'œuf qui danse), sur le jet d'eau. Une procession avec géants et grosses têtes est organisée. A Sitges, cité proche de Barcelone, les rues qui accueillent la procession sont décorées d'un magnifique tapis de fleurs.

Juin

⭐ *Nit de Sant Joan* : la nuit du 23 juin, se déroule la célébration du solstice d'été. La verbena de Sant Joan donne lieu à une fête populaire et exubérante. Danse, champagne, immenses feux de joie, tirs de feux d'artifice, le tout ponctué d'incessantes explosions de pétards (*cohetes*). Barcelone s'abandonne à une fête débridée, qui ne cesse qu'à la pointe du jour. *Dans toute la ville*

Juillet

⭐ *Festival El Grec* : pendant les mois d'été, ceux qui le peuvent abandonnent Barcelone et sa chaleur étouffante pour se rendre dans une des villes du littoral, où l'air est plus supportable. Pour que la morosité ne s'installe pas dans la ville, la municipalité organise le festival El Grec.

Cette importante manifestation culturelle, qui englobe la musique, le théâtre, la danse et les arts plastiques, se déroule principalement dans le théâtre de plein air du Montjuïc. Vous pouvez obtenir le programme au palau de la Virreina sur la Rambla. Juillet-août.

Août

⭐ *Festa Major de Gràcia* : jusqu'en 1897, Gràcia fut une commune libre, farouchement indépendante, nullement impressionnée par sa rivale et proche voisine. Aujourd'hui encore, sa Festa Major est un événement particulièrement apprécié : chars et cavaliers envahissent les rues décorées avec fantaisie et dans lesquelles les habitants ont sorti tables et chaises pour un grand repas collectif. Semaine du 18 août. *Quartier de Gràcia* (C-D 1-2)

Septembre

Diada Nacional de Catalunya : peu après la période franquiste, le 11 septembre devint jour commémoratif de la défaite catalane face aux troupes du Bourbon Philippe V, roi d'Espagne, favorable à une centralisation. Cette date reste le symbole de la défense des libertés catalanes et de ses institutions. Aujourd'hui, seuls les gens engagés politiquement prennent encore part aux diverses manifestations organisées dans le centre ville. *Dans le centre ville*

★ *Festa Major de la Mercè* : la Festa Major est célébrée en l'honneur de la Vierge, patronne de la ville, Nostra Senyora de la Mercè. Aujourd'hui, elle a perdu son caractère solennel et religieux et est devenue prétexte à divers événements artistiques, sportifs, religieux, au cours desquels s'exprime tout le folklore catalan. On peut citer le bal des géants, immense rassemblement de ces figures dont les Catalans sont particulièrement friands, les sardanes, les pyramides humaines des Castellers, les Correfocs (diables et dragons de feu lâchés dans les rues de la vieille ville). On peut aussi assister à des concerts, à des représentations théâtrales ; visiter marchés et foires (ne ratez pas la foire aux vins catalans, pendant laquelle vous aurez le plaisir de déguster diverses spécialités locales). Les événements sont tellement nombreux qu'il est nécessaire de consulter le programme édité tous les ans pour faire son choix. La Festa Major a lieu la semaine du 24 septembre. *Centre ville*

Octobre

La saison d'opéra et de concerts commence en octobre. Les Barcelonais, fatigués de l'exubérance des mois d'été, aspirent à l'émotion des premières, organisées conjointement au Gran Teatre del Liceu et au palau de la Música catalana. La majorité des théâtres rouvrent leurs portes.

Novembre

Toussaint : un peu partout dans la ville surgissent des petits kiosques où l'on peut acheter des marrons et des patates douces grillés sur d'antiques poêles à charbon. Les rues s'emplissent d'une délicieuse odeur. Le soir de la *castanyada*, la veille de la Toussaint, on partage en famille et entre amis les *panellets*, petits gâteaux faits d'un mélange de pignons, d'amandes et de miel, les *castanyes* et les *moniatos,* en souvenir des repas rituels célébrés à l'époque romaine sur les tombes.

Décembre

Fira de Santa Llúcia : les réjouissances de Noël commencent le 13 décembre par la traditionnelle foire aux santons de la Sainte-Lucie. Parmi la multitude de sujets proposés, la perfection côtoie le mauvais goût. Certains désapprouveront la présence de stands commerciaux, venus récemment gâcher le charme et le sérieux de cette manifestation. Du 8 au 24 décembre. *Autour de la cathédrale* (E3)

Sortir

*Vivre la nuit, dormir le jour,
pour ceux qui ne veulent rien manquer
de la vie nocturne barcelonaise.*

C'est à croire que Barcelone possède une horloge intérieure. Cette ville s'est développée de manière cyclique. Aux phases d'intense activité ont toujours succédé des phases de calme plat. Cette remarque reste valable pour la vie nocturne barcelonaise. Prenons l'exemple de l'avinguda del Paral·lel : elle connut jadis une période faste, visible à l'intense fréquentation de ses théâtres, de ses dancings et de ses cafés. A la fin de la guerre civile, l'avinguda del Paral·lel fut désertée et connut le sort des chaussées provinciales plus ou moins délaissées. Seule continua à l'animer cette joie de vivre typique de la Méditerranée. Puis au début des années 80, la tendance s'inversa à nouveau. Barcelone est célèbre aujourd'hui pour les débordements de ses nuits. Après tant d'années d'obscurantisme culturel, on assiste à un éclatement total, une

frénésie de musique, de vidéo-bars, de boîtes de nuit, de cinémas, de manifestations théâtrales... Il y en a pour tous les goûts jusqu'au bout de la nuit. Les propriétaires de bars et de boîtes s'arrachent les designers contemporains, les plasticiens à la mode : il faut faire toujours plus post-moderne, toujours plus halogène, toujours plus extravagant. Dans la cité où créèrent un Gaudí et un Dalí, seul l'inédit attire les foules. Mais Barcelone consomme les lieux nocturnes avec gloutonnerie : un lieu de rencontre disparaît, un autre se crée aussitôt ; c'est peut-être aussi cela qui rend la capitale catalane si attirante. S'aventurer dans Barcelone la nuit, c'est partir pour une terre aux rives incertaines, aux frontières changeantes, toujours neuve.

SALLES DE BAL

Si vous avez envie de danser le tango, le fox-trot ou la samba, Barcelone est pleine de salles de bal. Redevenues à la mode ces

Le Gran Teatre del Liceu, un des opéras les plus importants d'Europe.

SÉLECTION MARCO-POLO

1 Boadas
Le bar où l'on vous servira les meilleurs cocktails (p. 79).

2 Belle Epoque
Dolly Van Doll y présente ses spectacles dans la tradition de la revue (p. 82).

3 Cova del Drac
Toujours numéro un chez les amateurs de jazz (p. 81).

4 Gran Casino de Barcelona
Chemin de fer, boule, black-jack, roulette (p. 84).

5 Zeleste
Dans les locaux d'une ancienne usine, pour les fans de rock, de jazz et de pop music (p. 81).

6 La Paloma
Une salle de bal qui connaît le même succès depuis son ouverture (p. 78).

7 Palau de la Música catalana
Plus qu'une simple salle de concert (p. 83).

8 Teatre Lliure
Le meilleur de ce que peut offrir le théâtre catalan (p. 85).

9 Up & Down
Discothèque chic, pour ceux qui aiment voir et se faire voir (p. 81).

10 Gran Teatre del Liceu
L'un des plus beaux et des plus grands opéras d'Europe (p. 83).

---

dernières années, elles attirent un cocktail bigarré de générations, de styles, de genres. Une foule trépidante se trémousse, jusqu'à en perdre haleine.

Bolero
Toutes les nuits avec orchestre ; musique essentiellement latino-américaine. Le week-end, il vaut mieux réserver. (D2) *Tous les jours de 19 h à 4 h 30. Diagonal, 405. Tél. 2 17 10 61. Métro : Diagonal (L3, L5)*

La Paloma
★ Cette salle au charme rétro s'est ouverte il y a 85 ans. Elle est toujours aussi fréquentée.

(D4) *Du jeudi au samedi de 18 h à 21 h 30 et de 23 h 30 à 3 h 30. Tigre, 27. Tél. 3 01 68 97. Métro : Universitat (L1)*

Tango
Musique d'hier pour des gens d'aujourd'hui. (C4) *Tous les jours de 18 h à 22 h et de 23 h 30 à 4 h 30. Diputació, 94. Tél. 3 25 37 70. Métro : Rocafort (L1)*

BARS

Barcelone possède un nombre infini de bars. On ne peut parler des nuits barcelonaises sans évoquer ces multiples lieux de rencontres apparus depuis quelques années, où la mode, dictée par la clientèle, impose sa loi tyrannique. La Barcelone des noctambules s'amuse sans trop penser au lendemain.

Alkimia

C'est à la fois une librairie ésotérique et une boîte de nuit. Si vous le voulez, on peut même vous lire les lignes de la main ou vous établir votre thème astral. (B2) *Amigó, 35.*
Métro : Muntaner (F. C. G.)

Boadas

★ Numéro un à Barcelone, en matière de cocktails. Un cadre élégant et un air d'après-guerre. (E3) *Tallers, 1. Métro : Catalunya (L1, L3)*

Gimlet

Une bonne rasade de gin, du jus de citron concentré, cette recette de cocktail a fait le succès de l'établissement. Tout ce que Barcelone compte de bohème et de noctambules se retrouve ici. (F3) *Ria, 24. Métro : Jaume I (L4)*

Gris

Nul besoin d'en être pour être admis ici. Une allure très soignée, un rien d'élégance et d'excentricité vous aideront à vous fondre dans une foule de dandys. (C2) *Riera Sant Miquel, 59.*
Métro : Diagonal (L3, L5)

El Velvet

L'un des bars design les plus célèbres, à mi-chemin entre le rétro et le post-moderne. (C2) *Balmes, 161.*
Métro : Diagonal (L3, L5)

Kike

✝ Les âmes sensibles veilleront à éviter cet établissement souvent maudit par les voisins. (E 3-4) *Rauric, 3. Métro : Liceu (L3)*

El Llantiol

Etablissement coquet de la vieille ville. L'ésotérique côtoie les arts décoratifs.
(E4) *Riereta, 7.*
Métro : Paral-lel (L3)

Mudanzas

Petit établissement dans le quartier de la Ribera. La décoration est moderne et le volume de la musique est tout à fait supportable. On peut même y jouer au scrabble et aux échecs. (F3) *Vidrieria, 15.*
Métro : Barceloneta (L4)

Nick Havanna

Bar typique du design barcelonais. Bonne musique, beaucoup d'animation, un des plus branchés. (D2) *Rosselló, 208.*
Métro : Diagonal (L3, L5)

Partycular

Par mauvais temps, tout se joue à l'intérieur de cet ancien chalet aménagé en bar à cocktails. A la décoration intérieure on peut préférer un rafraîchissement pris sur la terrasse-jardin, au pied du Tibidabo. Mais pour y accéder il vous faudra emprunter le tunnel d'entrée ! (O) *Avinguda del Tibidabo, 61. Métro : Tibidabo (F. C. G.), Tramvia Blau*

Pastis

Pour les nostalgiques d'Edith Piaf, de Jacques Brel et du pastis, bien sûr ! (E4) *Santa Mònica, 4. Métro : Drassanes (L3)*

Victori Bar

Ernest Hemingway était un ha-
bitué de l'ex-Marfil. (D2) *Passatge de la Concepció, 16. Métro : Diagonal (L3, L5)*

Tous les champagnes espagnols
sont produits en Catalogne. Le
choix est vaste. Pour vous faire
une idée sur la qualité et la variété de ces *caves*, une visite
dans l'une des nombreuses *xam-
panyeries* s'impose. Ces derniers temps elles poussent comme des champignons.

Casablanca

(D2) *A partir de 19 h. Bonavis-
ta, 6. Métro : Diagonal (L3, L5)*

La Cava del Palau

(E3) *A partir de 19 h, avec de la
musique en concert. Verdaguer i
Calls, 10. Métro : Urquinaona
(L1, L4)*

La Xampanyeria

(C-D 2) *A partir de 18 h. Provença, 236. Métro : Provença
(F. C. G.)*

Impossible de dire quelle est *la*
boîte à la mode en ce moment.
Les choses évoluent très vite
dans ce domaine. Nous nous
contenterons donc de vous indi-
quer quelques valeurs sûres. A
noter : dans la plupart de ces
établissements la soirée ne commence vraiment que bien après
minuit.

After Hours

Elle ouvre ses portes quand

toutes les autres ont fermé. (D3)
*De 6 h du matin à 9 h. Sepúlve-
da, 185*

Bagdad

Vous y verrez, paraît-il, le sex-
show le plus "hard" d'Europe.
(E4) *Shows à 23 h et 1 h 15.
Nou de la Rambla.*
Tél. 242 07 77

La Foli

Strip-tease masculin. C'est le
dernier cri à Barcelone. Seuls
sont admis les dames ou les
messieurs accompagnés de
dames. (D4) *Dimanche à samedi : shows à 23 h, vendredi et
samedi shows supplémentaires à
0 h 30 et 2 h. Plaça Navas, 9.
Tél. 3 25 48 31*

Ebano

Pour les fans des rythmes afri-
cains, les amateurs de funky et
de reggae. (E2) *Fermeture le
lundi. Roger de Flor, 114*

Martin's

La boîte homo de Barcelone.
Avant minuit, on s'y ennuie à
mourir, mais tout change à partir
de 1 h du matin. (D2) *Passeig
de Gràcia, 130*

Regine's

Club select à l'hôtel Princesa
Sofía. Entrée strictement réser-
vée aux membres. Renseignez-
vous au préalable. (A3-4) *Avinguda Joan XXIII*

Studio 54

⚡ La petite sœur de la discothèque new-yorkaise située dans
un ancien théâtre. Elle s'adresse
à un public très select. (E4) *Du
vendredi au dimanche. Avinguda del Paral-lel, 64*

Up & Down

⭐ En haut le restaurant, en bas la discothèque. Tout ce que Barcelone compte de chic et de branché se retrouve ici. Dans certains milieux, pouvoir exhiber la carte du club est déjà une preuve de standing. (A3)
Numància, 179

CLUBS DE JAZZ - CONCERTS - VARIÉTÉS

Les lieux où l'on peut assister à des concerts en direct sont de plus en plus à la mode à Barcelone. Ceci est vrai pour le jazz qui, au demeurant, a déjà ici une longue histoire. Tous les ans, en octobre, se déroule un Festival international de jazz, d'un niveau international. Beaucoup de bars et de boîtes de nuit engagent pour le week-end des groupes de rock ou de pop' music. Il ne reste plus grand-chose de *la nova cançó* catalane. Seuls Lluís Llach et Maria del Mar, les deux stars les plus célèbres de la chanson catalane, se produisent encore.

Bodega Bohemia

Un café-concert dans la plus pure tradition. S'y produisent vieux artistes et jeunes espoirs. Ambiance décontractée et rétro. (E4) *Lancaster, 2.*
Métro : Liceu (L3)

Cova del Drac

⭐ L'un des plus anciens et des meilleurs clubs de jazz de Barcelone. Programme varié où les jeunes côtoient les grands noms de l'histoire du jazz. (C2).
De 20 h à 2 h. Tuset, 30

El Toc - The Touch

Jazz contemporain. Musique enregistrée en semaine, concerts le vendredi. (E4) *De 20 h à 3 h.*
Carrer d'En Roca, 18.
Métro : Liceu (L3)

KGB

Le Kiosko General Barcelona est à la fois un bar, une discothèque et une salle de concert. Lieu branché du moment, il s'est installé dans une ancien garage. Musique new-wave, funky, post-rock. (O)
Alegre de Dalt, 55.
Métro : Joanic (L4)

Zeleste

⭐ 🕺 Ce club s'est ouvert dans les années 70. En 1987, il a déménagé dans une usine textile désaffectée et a renouvelé sa décoration. Actuellement c'est la plus grande discothèque de Barcelone (4 000 m^2 répartis sur trois niveaux). Une valeur sûre. (F2) *De 23 h à 4 h 30.*
Almogàvars, 122.
Tél. 3 09 12 04.
Métro : Marina (L1)

CABARETS - REVUES

Moins en vogue que par le passé, les spectacles de music-hall existent encore à Barcelone. Mais malgré un glorieux passé, les goûts du public ont évolué et il a fallu changer de registre. Certains cabarets y parviennent parfaitement et les amateurs de spectacles de revue et de cabaret seront comblés.

Arnau

Spectacle de music-hall remis au goût du jour. (E4) *Shows : à*

*18 h 30 et 23 h, samedi séances
supplémentaires à 22 h 30 et
1 h 15, fermeture : mercredi.
Avinguda del Paral-lel, 60.
Tél. 2 42 28 04.
Métro : Paral-lel (L3)*

Barcelona de noche

Un show de travestis délicieuse-
ment osé. (E4)
*Shows à 23 h 45 et 1 h 30, fer-
meture le mercredi. Tàpies, 5.
Tél. 2 41 11 67.
Métro : Paral-lel (L3)*

Belle Epoque

★ Le meilleur dans son genre,
et pas seulement à Barcelone.
Dolly Van Doll propose un
spectacle dans la tradition des
revues, avec travestis, strass et
paillettes. (C2)
*Show à 23 h 30, fermeture le di-
manche.
Muntaner, 246.
Tél. 2 09 73 85*

TABLAOS

De nombreux Andalous ont
émigré à Barcelone et ils ont dé-
veloppé dans la capitale catalane
leur culture. Après ceux de Madrid, se sont ouverts dans Barcelone de nombreux tablaos, cabarets où se produisent des artistes
de flamenco, guitaristes, chan-
teurs et danseurs. Attention :
dans ce domaine, le flamenco
puro côtoie souvent le folklore
pour touristes. Il vaut mieux se
renseigner auparavant.

El Cordobés

Spectacles de flamenco andalou.
*Séances de 22 h à minuit et de
minuit à 2 h du matin. Rambla
Caputxins, 35*

Romería

Ce cabaret présente, outre des
artistes de flamenco, des danseurs espagnols et latino-améri-
cains. *Diputació, 180*

Los Tarantos

Spectacles de 22 h à 2 h du matin. *Plaça Reial, 17*

CINÉMAS

Même si le week-end de
longues files d'attente se for-
ment devant les cinémas et si
l'on assiste à un renouveau dans
la création cinématographique
espagnole (pas seulement depuis
Almodóvar), la crise du cinéma
touche aussi Barcelone. Ici comme ailleurs, la fréquentation des
salles de cinéma est en baisse.
L'éventail des possibilités est
pourtant très vaste : cinéma
marginal, films en version originale sous-titrée (*versió / versión
original*, v.o.), films grand public, en espagnol ou en catalan,
se partagent les écrans. Les
séances débutent en général vers
16 heures.

Les cinémas présentent une
particularité : ils sont perma-
nents, de sorte que l'on peut entrer quand on veut et rester aussi
longtemps qu'on le souhaite.
Prix réduits les lundis et mercre-
dis.

Filmoteca de la Generalitat

Créée et financée par le gouvernement régional de Catalogne,
la cinémathèque propose un programme de qualité. Sont notamment présentés des films retirés
du circuit commercial et classés
par thème. (C2) *Travessera de
Gràcia, 63*

Capsa

Salle de cinéma de création récente au programme ambitieux. Films présentés exclusivement en v.o. (D2)
Pau Claris, 134.
Métro : Passeig de Gràcia (L3, L4)

Casablanca I et II

Films récents, de temps en temps de grands classiques. (D2) *Passeig de Gràcia, 115.*
Métro : Diagonal (L3, L5)

Novedades

Immense salle avec écran panoramique ; propose essentiellement des films très commerciaux. (E3) *Casp, 1.*
Métro : Catalunya (L1, L3)

Publi I et II

Deux petites salles à la même adresse ; programme de choix et films souvent présentés en v.o. (D2)
Passeig de Gràcia, 55-57.
Métro : Passeig de Gràcia (L3, L4)

CONCERTS - OPÉRAS - BALLETS

De toute évidence, Barcelone est une ville qui aime la musique. Mais le nombre des salles étant restreint et la demande toujours très importante à l'occasion des grands spectacles, on joue souvent à guichet fermé. Si lors d'un court séjour, vous désirez assister à un concert à l'improviste, procurez-vous *la Guía del ocio*, programme hebdomadaire des spectacles. Vous pouvez aussi essayer de vous renseigner auprès des Amis de la musique de Barcelone *(tél. 302 68 70)*. Sinon il vous reste le portier de l'hôtel. La vie musicale barcelonaise se déroule essentiellement à l'opéra du Gran Teatre del Liceu et au palau de la Música catalana.

Gran Teatre del Liceu

★ Derrière la sobre façade de ce bâtiment se cache l'une des plus belles salles d'Europe. Ne disposant pas d'une troupe propre, le Gran Teatre accueille des stars dont la renommée dépasse largement les frontières de l'Europe. Il a pour directeur l'Allemand Uwe Mund tandis que Romano Gandolfi et Vittorio Sicuri dirigent conjointement les 90 membres du chœur de l'opéra. Les titres inscrits au programme restaient jusqu'à une période récente ceux du répertoire classique (dont les fameuses soirées Wagner qui se déroulent juste après la clôture du festival de Bayreuth). Mais ces derniers temps, une place a également été faite à l'opéra moderne. (E4)
Saison d'octobre à juillet.
Rambla, 61.
Tél. 3 01 67 87.
Métro : Liceu (L3)

Palau de la Música catalana

★ Chef-d'œuvre du modernisme catalan, cette salle constitue une curiosité à ne manquer sous aucun prétexte. Elle a été inaugurée en 1908, à l'occasion d'un concert dirigé par Richard Strauss. Domènech i Montaner, son architecte, est parvenu à réaliser une harmonieuse synthèse entre la musique, l'architecture, la sculpture et la peinture. Le Palau est le siège de l'orchestre

symphonique de Barcelone qui donne, sous la direction de Franz Paul Decker, environ 250 concerts par an. Chaque concert est l'occasion d'accueillir des stars de renommée internationale. (E3) *Saison d'octobre à juin. Amadeu Vives, 1.*
Tél. 3 01 11 04.
Métro : Urquinaona (L1, L4)

PROMENADES NOCTURNES

Gràcia - Un monde à lui tout seul

🚶 Le quartier de Gràcia, rattaché à Barcelone en 1897, n'est pas un modèle de beauté. Cependant il règne parmi ces maisons, ces bruits de rue, une atmosphère très particulière, mi-authentique, mi-artificielle. Certains vont même jusqu'à affirmer qu'il y souffle un vent de liberté plus fort qu'ailleurs. A la tombée de la nuit, on s'attarde sur la plaça del Sol, et entre tous ces petits restaurants pas chers, ces bars en terrasse, le choix devient difficile ; on prolonge cette délicieuse soirée par un verre et peut être finira-t-on dans une boîte de nuit. (C-D 1-2)

Poble Espanyol

Barcelone s'est lancée à fond dans un vaste programme de rénovation, qui touche le Village espagnol. Elaboré en 1929, à l'occasion de l'Exposition universelle, ce musée en plein air, synthèse de l'architecture et de l'art populaire espagnols, n'était plus fréquenté que par quelques touristes égarés. Il y a quelques années, la municipalité a décidé une restructuration et une rénovation complète de l'ensemble.

Le Poble Espanyol a ainsi retrouvé vie. On peut à nouveau se promener dans ses rues et ses ruelles romantiques, et avoir ainsi une vue d'ensemble des styles architecturaux espagnols (reproductions de villages et monuments). A côté des inévitables boutiques de souvenirs, vous trouverez aussi des ateliers de souffleurs de verre, ou de sculpture sur bois, de nombreux restaurants, bars, snacks, un club de jazz, une discothèque et un petit théâtre. Le week-end, ouvert toute la nuit jusqu'à 6 h du matin. (C5)

CASINO

Gran Casino de Barcelona

⭐ Machines à sous, chemin de fer, boule, black-jack, roulette américaine et française. Tous les vendredis et samedis, la boîte de nuit et le restaurant sont ouverts. Le Grand Casino se trouve à Sant Pere de Ribes, une petite commune sur la route nationale, près de Sitges. (O)
Tous les jours de 17 h à 4 h du matin, vendredi, samedi et dimanche jusqu'à 5 h.
Carretera Nacional C - 246, Sant Pere de Ribes

THÉÂTRES

Paradoxalement, dans ce domaine, Barcelone n'est pas très riche. De nombreux théâtres ont fermé leurs portes ces derniers temps. Ceux qui restent ont de plus en plus de mal à survivre. Ce n'est pourtant pas faute de subventions publiques. Le

Le Village espagnol, musée en plein air et lieu de promenade.

Teatre Lliure, troupe d'anciens amateurs, a fait ses preuves ; le succès de ses productions dépasse largement la zone d'influence de la culture catalane. Sans parler du Teatre Poliorama, enfant choyé du gouvernement régional catalan, où se produit la troupe de Josep Maria Flotats, un ancien de la Comédie-Française. L'été, les pouvoirs publics organisent un grand festival, El Grec, qui propose de nombreux spectacles de théâtre venus du monde entier.

Si vous avez l'intention de vous rendre au théâtre, sachez que la plupart des représentations sont en catalan. Une connaissance suffisante de la langue s'impose donc.

Jove Teatre Regina

Grâce à des efforts constants, ce théâtre est parvenu à survivre. Les pièces présentées sont des créations contemporaines. (C2) *Sèneca, 22.*
Tél. 2 18 15 12.
Métro : Diagonal (L3, L5)

Teatre Condal

On joue surtout des pièces légères dans cet ancien théâtre situé sur le Broadway de Barcelone, l'avinguda del Paral-lel. (D4) *Paral-lel, 91.*
Tél. 2 42 31 32.
Métro : Paral-lel (L3)

Teatre Lliure

★ Si vous comprenez le catalan, une visite s'impose. Aménage-

ment ultramoderne, programme de qualité, tous les ingrédients du succès sont réunis. (C1)
Montseny, 47.
Tél. 2 18 92 51.
Métro : Fontana (L3)

Teatre Poliorama

Avec un peu de chance, vous y verrez Josep Maria Flotats. Cet ancien acteur de la Comédie-Française est devenu une star incontestée. Le programme est de qualité, mais les textes sont dits en catalan. (E3)
Rambla, 115.
Tél. 3 17 75 99.
Métro : Catalunya (L1, L3)

Teatre Victoria

Une de ces vieilles maisons qui, avec beaucoup d'efforts et beaucoup d'audace, s'est maintenue jusqu'ici.
Le programme est varié, avec une prédilection pour le théâtre de divertissement et la musique. (E4) *Paral-lel, 67.*
Tél. 2 41 39 85.
Métro : Paral-lel (L3)

Teixidors - Teatreneu

Il a récemment ouvert ses portes. On s'essaie ici au théâtre d'avant-garde. (C-D 1)
Terol, 26-28.
Tél. 2 13 55 99.
Métro : Fontana (L3),
Joanic (L4)

Villarroel Teatre

Le théâtre est petit mais le programme, moderne, est de qualité. (C3) *Villarroel, 87.*
Tél. 3 23 03 75.
Métro : Urgell (L1)

Montjuïc

Du haut de cette colline, la vue sur Barcelone est magnifique. Vous trouverez dans le parc toute une série d'attractions très modernes. Les dimanches d'été, vous pourrez assister à des représentations de théâtre en plein air. (D5-6)
Saison d'été : du mardi au jeudi de 16 h 30 à 22 h 15, samedi de 18 h 15 à 1 h, dimanche de 12 h à 24 h ; saison d'hiver : seulement le week-end.
Métro : Espanya (L1, L3) puis le bus ou station de métro Paral-lel (L3) puis funiculaire.

Tibidabo

Ce parc est longtemps resté dans l'ombre de son grand frère (le Montjuïc). Depuis sa récente modernisation, le parc d'attractions du Tibidabo attire à nouveau les Barcelonais, qui n'hésitent pas à le nommer la Montagne magique, *la Muntanya Màgica.* Vous y trouverez aussi le musée des automates. (O)
Saison d'été : du lundi au jeudi de 17 h à 1 h 30, vendredi et samedi de 17 h à 1 h 30, dimanche de 12 h à 23 h ; saison d'hiver : uniquement le week-end.
Métro : Tibidabo (F. C. G.), puis prendre le Tramvia Blau et le téléphérique.

Renseignements utiles

Tout sur les banques, les consulats et les taxis.

ADRESSES UTILES AVANT LE DÉPART

En France
Office national espagnol du tourisme : *43 ter, avenue Pierre-Ier-de-Serbie, 75381 Paris cedex 08. Tél. (1) 47 20 90 54. Ouvert du lundi au vendredi de 9 h à 17 h 30.*

En Belgique
Office du tourisme espagnol : *18, rue de la Montagne, Bruxelles 1001. Tél. (2) 512 57 35 et (2) 513 15 87.*

En Suisse
Office du tourisme espagnol : *40, boulevard Helvétique, 1207 Genève. Tél. (22) 35 95 94 et 95.*

Au Canada
Office du tourisme espagnol : *Bloor Street West, 60, 201 Toronto M4W3B8. Tél. 9 61 31 31.*

ALLO STOP

Viajes Cómodos
(C-D 2) *Carrer Provença, 214. Tél. 2 53 22 07. Métro : Provença (F. C. G.)*

Combarc
(E2) *Carrer Ribes, 31. Tél. 2 46 69 08. Métro : Arc del Triomf (L1)*

ASSOCIATION D'AUTOMOBILISTES

Real Automóvil Club de Catalunya (R. A. C.)
(C2) *Santaló, 8. Tél. 2 00 33 11 et 2 00 07 55 (à toute heure).*

BANQUES - CHANGE

Les banques sont en général ouvertes de 8 h 30 à 14 h (du lundi au vendredi) ; le samedi : fermeture à 13 h (en été, si elles sont ouvertes ce jour-là, elles ferment leurs portes à 12 h 30). Les dimanches et jours fériés, vous avez la possibilité de changer de l'argent à la gare principale de Barcelona-Sants (hiver : tous les jours de 8 h à 20 h ; l'été : du lundi au samedi de 8 h à 22 h, dimanche de 8 h à 14 h et de 16 h à 22 h). Vous pouvez aussi changer à l'aéroport (hiver : tous les jours de 7 h à 23 h ; été du lundi au samedi de 8 à 22 h).

CAMPING

Vous obtiendrez tous les renseignements sur les campings de Barcelone en vous adressant à :

Asociación de Campings de Barcelona
(E3) *Via Laietana, 59508003 Barcelona. Tél. 3 17 44 16*

Petits besoins urgents

Les toilettes publiques sont plutôt rares à Barcelone, et si par bonheur vous parvenez à trouver une de ces petites "maisons modernes" et qu'elle soit en état de marche, il vous en coûtera 25 pesetas. Musique douce pour le prix ! Si vous n'avez pas cette chance, le mieux sera pour vous d'entrer dans un café, de commander un petit noir et demander les toilettes (*lavabos*).

Le ministère régional chargé du tourisme édite un petit guide du camping *Catalunya Campings,* dans lequel vous trouverez aussi un grand nombre de renseignements.

CIRCULER

Métro

C'est sûrement la meilleure façon de se déplacer en ville. Le réseau urbain est très étendu : Barcelone possède 4 lignes de métro (L1, L3, L4, L5) reliées au réseau de chemin de fer de banlieue ou des grandes lignes (F. C. G.). Il est ouvert tous les jours de 5 h à 23 h, les dimanches, jours fériés et veilles de fête jusqu'à 1 h du matin. Plan du métro gratuit dans les stations. Changement possible sur toutes les lignes sauf sur la ligne du F. C. G. Catalunya (avenida del Tibidabo / Reina Elisenda). La carte T2 s'avère la plus pratique (10 voyages, valable sur tout le réseau).

Bus

Barcelone possède un bon réseau de bus (couleur rouge pour le centre), qui couvre toute la ville. Les bus de nuit sont peu nombreux et les passages peu fréquents. Il existe plusieurs types de cartes valables pour plusieurs voyages. La T2 donne accès au métro, au tramway bleu, au funiculaire de Montjuïc et aux lignes urbaines des chemins de fer catalans (F. F. C. C.). La carte T1 comprend en plus les autobus du réseau urbain. On peut acheter les cartes dans le métro et les caisses d'épargne (Caixa de Pensiones).

Funiculaire, téléphérique et tramway

Depuis la station de métro Paral-lel, vous pourrez utiliser le funiculaire du Montjuïc, jusqu'à l'avinguda de Miramar, de là le téléphérique vous déposera au pied de la forteresse. On atteint le parc d'attractions du Tibidabo en empruntant le tramway bleu (Tramvia Blau), de l'avenue du Tibidabo au funiculaire du Tibidabo ; utilisez la carte T2, valable pour le métro, le tramway bleu et le funiculaire.

Depuis le Moll de Barcelona, on peut aussi emprunter un téléphérique (le *transbordador*), depuis lequel la vue sur le port et la ville est fort belle.

Pour obtenir tout renseignement sur les transports en commun, adressez-vous à la station de métro Universitat, ou composez le numéro de téléphone suivant : 336 00 00.

Renseignements et réservations Air France

Paris : *119, avenue des Champs-Elysées, 75008 Paris.*
Tél. 47 20 70 50. Réservations :
Tél. 45 35 61 61. Et dans les agences de voyages.

Renseignements et réservations Iberia

Paris : *31, avenue Montaigne, 75008 Paris. Tél. 47 23 00 23*
Bruxelles : *54, avenue Louise, 1050 Bruxelles.*
Tél. (2) 5 12 16 31
Genève : *14, rue du Mont-Blanc, 1201 Genève. Tél. (22) 31 76 50*
Zurich : *Talacker 42, 8001 Zurich. Tél. (1) 2 21 14 25*

Consulat de France
Passeig de Gràcia, 11.
Tél. 3 17 81 50

Consulat de Suisse
Gran Via de Carles III, 94.
Tél. 3 30 92 11

Consulat de Belgique
Diputació, 303. Tél. 3 18 98 99

Consulat du Canada
Via Augusta, 125.
Tél. 2 09 06 34

Office municipal du tourisme (Patronat Municipal de Turisme)

Le siège de l'office municipal du tourisme se trouve dans un établissement moderniste, la casa Lleó-Morera dans le passeig de Gràcia. Si vous le désirez, vous pourrez visiter l'intérieur des locaux, ils ont été restaurés avec beaucoup de goût. Si vous souhaitez seulement obtenir des renseignements, adressez-vous plutôt aux différentes antennes que la municipalité de Barcelone a réparties dans la ville.
(D2-3) *Passeig de Gràcia, 35.*
Tél. 2 15 44 77. Métro : Passeig de Gràcia (L3, L4)

Antennes

Gare principale de Barcelona-Sants (B4) *De 8 h à 20 h. Tél. 4 10 25 94. Métro : Sants-Estació (L3, L5)*
Port (E4) *De 9 h à 15 h ; du 15 juin au 30 septembre, de 8 h à 20 h. Moll de la Fusta. Tél. 3 17 37 16. Métro : Drassanes (L3)*
Palais des expositions (C5) *De 10 h à 20 h (uniquement lors de salons ou foires). Plaça de l'Univers. Tél. 3 25 52 35. Métro : Espanya (L1, L3)*

Pendant les mois d'été, entre 9 h et 21 h, les rues de la vieille ville sont sillonnées par des agents de l'office du tourisme (vous les reconnaîtrez à leur uniforme rouge) ; ils vous fourniront les renseignements que vous souhaitez (et dans votre langue !). On peut aussi obtenir des renseignements par téléphone, en composant le 010.

Office régional du tourisme
(E3) *Gran Via de les Corts Catalanes, 658. Tél. 3 01 74 43. Métro : Catalunya (L1, L3)*

Réseau ferroviaire
Tél. 3 22 41 42 (Renfe : Espagne et étranger)

Tél. 2 05 15 15 (Ferrocarils de la Generalitat : Catalogne

Liaisons aériennes (Iberia)
Tél. 3 01 68 00

Atesa
Balmes, 141. Tél. 2 37 81 40. Télex : 511 97
Aéroport. Tél. 3 02 28 32

Europcar
Consell de Cent, 363. Tél. 2 39 84 03. Aéroport. Tél. 3 17 84 30

Hertz
Tuset, 10, Entlo. 3, esc. D.
Tél. 2 37 37 37. Télex : 530 37
Aéroport. Tél. 3 70 58 11

Location de bicyclettes
Bicitram
Marques de l'Argentera, 15.
Tél. 2 04 36 78 (loue également des tandems)

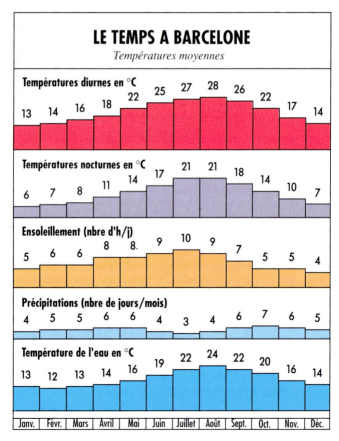

LE TEMPS A BARCELONE
Températures moyennes

Températures diurnes en °C

Janv.	Févr.	Mars	Avril	Mai	Juin	Juillet	Août	Sept.	Oct.	Nov.	Déc.
13	14	16	18	22	25	27	28	26	22	17	14

Températures nocturnes en °C

Janv.	Févr.	Mars	Avril	Mai	Juin	Juillet	Août	Sept.	Oct.	Nov.	Déc.
6	7	8	11	14	17	21	21	18	14	10	7

Ensoleillement (nbre d'h/j)

Janv.	Févr.	Mars	Avril	Mai	Juin	Juillet	Août	Sept.	Oct.	Nov.	Déc.
5	6	6	8	8	9	10	9	7	5	5	4

Précipitations (nbre de jours/mois)

Janv.	Févr.	Mars	Avril	Mai	Juin	Juillet	Août	Sept.	Oct.	Nov.	Déc.
4	5	5	6	6	4	3	4	6	7	6	5

Température de l'eau en °C

Janv.	Févr.	Mars	Avril	Mai	Juin	Juillet	Août	Sept.	Oct.	Nov.	Déc.
13	12	13	14	16	19	22	24	22	20	16	14

Viatges Langarica
Pelai, 60. Tél. 3 02 30 97 (en été)

OBJETS TROUVÉS

Oficina de Troballes
Ayuntament : (E3) *Plaça de Sant Jaume. Tél. 3 01 39 23. Métro : Jaume I (L4)*

POLICE

Pendant les mois d'été, des interprètes se tiennent à votre disposition dans plusieurs commissariats de Barcelone.
(E3) *Du lundi au vendredi de 9 h à 21 h (italien, anglais, français). Via Laietana, 49. Tél. 3 02 63 25. Métro : Jaume I (L4)*
(E4) *Du lundi au vendredi de 10 h à 20 h, samedi de 15 h à 22 h (anglais, italien). Ample, 23. Tél. 3 18 36 89*

POSTE

Bureau central
(F4) *Du lundi au vendredi de 9 h à 21 h, samedi de 9 h à 14 h. Plaça Antoni Lopez. Tél. 3 18 38 31*
Tous les autres bureaux de poste sont en général ouverts de 9 h à 14 h (du lundi au vendredi). Vous pouvez acheter des timbres dans les bureaux de tabac. Le courrier, posté de Barcelone, arrivera en deux ou trois jours à Paris. Tarif affranchissement carte postale : 45 pesetas pour tous les pays de la Communauté européenne. Tarif lettre : 45 pesetas pour les pays de la Communauté, 50 pesetas en dehors.

POURBOIRE

Il est d'usage de laisser un pourboire (d'environ 10 %) dans les cafés et restaurants. Au moment de payer le taxi, arrondissez au chiffre supérieur. Aux ouvreuses de cinéma ou de théâtre donnez au moins 25 pesetas.

PROGRAMMES DES SPECTACLES

La Guía del Ocio, qui paraît tous les jeudis, donne le calendrier complet des spectacles (malheureusement, il n'est édité qu'en espagnol) ; on le trouve dans les kiosques à journaux. Le quotidien espagnol *El País* édite un supplément spectacle tous les vendredis.

SALONS DE COIFFURE

Si vous souhaitez vous rendre chez un très bon coiffeur, voici quelques adresses :

Iranzo
Salons chic pour clients chic, sauna, massage, etc.
(B2) *Ganduxer, 8. Tél. 2 09 10 40*
(C2) *Tuset, 1. Tél. 2 00 15 20*
(D2) *Passeig de Gràcia, 100. Tél. 2 15 31 69. Métro : Diagonal (L3, L5)*
(E3) *Gran Via de les Corts Catalanes, 628. Tél. 3 01 03 80. Métro : Catalunya (L1, L3)*

Llongueras
Sûrement l'un des salons les plus fréquentés de Barcelone. Toute une gamme de soins maison. (C2) *Balmes, 162. Tél. 218 51 28. Métro : Diagonal (L3,*

L5) ; (D3) *Rambla de Catalunya, 16. Tél. 318 81 42. Métro : Catalunya (L1, L3)* ; (D2) *Passeig de Gràcia, 78.*
Tél. 215 41 75. Métro : Passeig de Gràcia (L3, L4)

New Look
En ce moment c'est le nec plus ultra des salons : mannequins, vedettes de cinéma, comédiens viennent s'y faire coiffer. (B1)
Muntaner, 442-446.
Tél. 2 09 52 89

TAXIS

11 000 taxis, reconnaissables à leurs couleurs noir et jaune, parcourent en permanence la ville. Ils s'arrêtent sur un simple signe de la main, dans la mesure où ils sont libres (petite lumière verte sur le toit ou panonceau *lliure / libre* sur le pare-brise). Si vous appelez un taxi par téléphone, il vous en coûtera 100 pesetas de plus. Numéros de téléphone :

3 22 22 22.	*3 22 11 12*
3 00 30 95	*3 87 10 00*
3 57 77 55	*3 22 07 07*
3 30 03 00	*2 12 02 82*

TÉLÉPHONE

La plupart des cabines téléphoniques fonctionnent avec des pièces de 5, 25 et 100 pesetas (certaines acceptent les cartes de crédit). Pour appeler à l'étranger : composer d'abord le 07 puis faire le préfixe international de chaque pays (33 pour la France, 32 pour la Belgique, 352 pour le Luxembourg, 41 pour la Suisse) et le numéro. Tarifs réduits à partir de 22 h. Si vous n'avez pas de monnaie, rendez-vous au cen-

tral situé Plaça de Catalunya (à l'angle de Fontanella / Portal de l'Angel). (E3)
Indicatif de l'Espagne : 34.
Indicatif de Barcelone : 3
Renseignements téléphoniques :
Pays de la Communauté : 008
Hors de la Communauté : 005
Barcelone et sa province : 003
Autres provinces : indicatif + 03

URGENCES

Police : Tél. 0 91 ou 0 92
Pompiers : Tél. 0 80
Médecins : Tél. 2 12 85 85

VISITE DE LA VILLE

Visites en bus
Juliá-Tours, *Ronda Universitat, 5. 317 64 54/318 38 95. Métro : Universitat (L1).* 2 600 pesetas.
La ligne 100 des autobus municipaux propose un parcours circulaire qui passe par les endroits les plus intéressants de la ville. Le billet est valable pour une journée et permet de s'arrêter autant de fois que nécessaire. Ce bus fonctionne de juin à septembre tous les jours chaque demi-heure. Le prix du billet inclut celui des billets du téléphérique de Montjuïc, du tramway bleu et du funiculaire du Tibidabo.

Promenades en bateau
Le port de Barcelone est l'un des plus grands de la Méditerranée. Si vous souhaitez le visiter, vous pourrez le faire dans l'une de ces *golondrinas* (hirondelles) qui pendant 20 mn vous promèneront dans le vieux port, de la plaça del Portal de la Pau jusqu'à la jetée.
Métro : Drassanes (L3)

A éviter

*Quelques conseils pratiques
afin de vous éviter des désagréments.*

Barrio Chino

De tout temps célèbre pour sa mauvaise réputation, ce quartier situé tout près du port, entre la Rambla et l'avinguda del Parallel, était autrefois un passage touristique obligé (des auteurs français comme Jean Genet ou Pierre Mac Orlan ont beaucoup contribué à sa popularité). Misère, pauvreté, prostitution, trafic de drogue et criminalité constituent toujours le décor, à deux pas des lumières et des terrasses des Ramblas. Les Barcelonais eux-mêmes prennent soin d'éviter le Barrio Chino. L'étranger se gardera lui aussi, pour des raisons évidentes de sécurité, de visiter ce quartier à certaines heures. Allez donc chercher ailleurs le romantisme des ports. (D-E4)

Bohémiennes

Elles sont tout à fait pittoresques avec leurs corbeilles ou leurs paniers chargés de fleurs. Avant même que l'on s'en aperçoive, l'œillet est déjà passé à la boutonnière. Mais ce ne sera pas pour rien ! Le geste sera toujours accompagné d'inévitables jérémiades. Si l'on peut, il vaut mieux les éviter. Evitez aussi les attroupements sur la Rambla, le porte-monnaie a une fâcheuse tendance à disparaître dans ces moments-là.

Corridas et flamenco

L'Espagne est célèbre pour ses corridas où s'exprime le caractère fougueux des Espagnols. Bizet a particulièrement bien rendu ce climat dans sa version de *Carmen*. Les corridas ont lieu pendant les jours de feria et à l'occasion des grandes fêtes. Barcelone possède ses arènes et l'on peut y assister à des exhibitions de flamenco. Si vous êtes assez connaisseur pour apprécier tout l'art raffiné des corridas, le mieux sera peut-être de vous rendre en Andalousie.

Cuirs et peaux

Sur la Rambla vous trouverez toute une série de marchands ambulants qui proposent des vêtements et accessoires en cuir. Procédez avec prudence, si vous envisagez de faire des achats, la qualité du cuir laisse parfois à désirer.

Jeux de hasard dans la rue

Vous rencontrerez tous les jours des joueurs de cartes (le jeu proposé ressemble au bonneteau) qui installent leurs tables sur la Rambla ou la plaça de Catalunya. Ici encore, la prudence est de mise. Ces occasions "exceptionnelles" de gagner rapidement de l'argent s'avèrent en fait n'être que des attrape-nigauds. Dans un premier temps le meneur de jeu fait gagner un badaud, en réalité un complice, et lorsqu'à votre tour vous vous risquez à jouer, la chance tourne et vous perdez toutes vos mises. De plus, si vous protestez, les joueurs peuvent parfois devenir menaçants.

Habillement

Les Barcelonais voient parfois d'un mauvais œil les touristes, qui en plein mois de juillet ou d'août, font leur marché en petite tenue. Essayez dans la mesure du possible de trouver un compromis satisfaisant entre la détente et les usages en vigueur dans le pays.

Pickpockets

Il vaut mieux éviter de prendre le métro ou le bus aux heures de pointe (le matin entre 8 h et 9 h, le soir entre 17 h et 20 h). Les pickpockets ne prennent jamais de vacances. Evitez, mesdames, de transporter des objets de valeur dans votre sac à main, et surveillez étroitement votre porte-monnaie.

Souvenirs

Si vous ne voulez pas être déçu, lors de votre retour, en découvrant que l'objet typiquement espagnol que vous avez rapporté a en fait été fabriqué en série dans un pays d'Extrême-Orient, évitez soigneusement les bazars de la plaça de Catalunya ou les innombrables boutiques de souvenirs de la Rambla.

Conduire dans Barcelone

Vouloir conduire dans Barcelone, c'est s'exposer à une circulation anarchique. Abstenez-vous donc de prendre la voiture. Les places de parking sont rares, et il pourrait vous en coûter jusqu'à 25 000 pesetas si vous vous garez en double file. Piètre consolation si le procès-verbal est dressé par une charmante Catalane. Qui plus est, vous pourrez vous estimer heureux si vous arrivez à temps pour éviter la fourrière.

INDEX

Votre budget

 L'Espagne utilise actuellement des billets de 1 000, 2 000, 5 000, et 10 000 pesetas ; il peut vous arriver de rencontrer de vieux billets de 500 pesetas. Pièces de monnaie de 1, 2, 5, 10, 25, 50, 100, 200 et 500 pesetas.

Change : pour 100 F, environ 1 700 pesetas. Pour convertir en francs français les prix affichés en pesetas, on multiplie par 6 et on enlève les deux dernières décimales.

Pour avoir une idée du coût de la vie en Espagne, sachez que : une communication téléphonique en ville coûte 10 pesetas, un ticket de métro 60 pesetas, pour un expresso il faut compter 60 pesetas, pour un demi compter environ 75 pesetas. L'affranchissement pour une carte postale à l'intérieur de la Communauté européenne coûte 45 pesetas, pour une lettre à l'intérieur de la Communauté, 50 pesetas. Les cabines téléphoniques n'acceptent pas les pièces de 500 pesetas.

Dans le tableau des équivalences donné ci-dessous, tous les montants sont approximatifs et dépendent du cours de la peseta. Le cours moyen adopté est 100 pesetas = 6 F.

F	ptas	ptas	F
1	17	1	0,06
2	34	5	0,3
3	51	10	0,6
4	68	50	3
5	85	100	6
10	170	250	15
20	340	500	30
25	425	1 000	60
30	510	2 000	120
40	680	3 000	180
50	850	4 000	240
75	1 275	5 000	300
100	1 700	6 000	360
200	3 400	7 000	420
250	4 250	7 500	450
300	5 100	8 000	480
500	8 500	9 000	540
750	12 750	10 000	600
1 000	17 000	25 000	1 500
2 000	34 000	50 000	3 000

Des fruits confits sur l'éventaire d'un confiseur barcelonais.